世界名人非常之路

诺 贝 尔

开创火药神话的传奇富翁

刘亚超◎编著

中国社会出版社

国家一级出版社 · 全国百佳图书出版单位

"世界名人非常之路" 编委会

主　　任：刘明山

编　　委：周红英　王汉卿　高立来　李正蕊　刘亚伟　张雪娇
　　　　　方士娟　刘亚超　张鑫蕊　李　勇　唐　容　蒲永平
　　　　　冯化太　李　奎　李广阔　张兰芳　高永立　潘玉峰
　　　　　王晓蕾　李丽红　邢建华　何水明　田成章　李正平
　　　　　刘干才　熊　伟　余海文　张德荣　付思明　杨永金
　　　　　向平才　赵喜臣　张广伟　袁占才　许兴胜　许　杰
　　　　　谢登华　衡孝芬　李建学　贺欣欣　刘玉磊　王莲凤
　　　　　刘振宇　张自粉　苗晋平　卓德兴　徐文平　王翠玉

写在前面的话

童年时代的夏夜，我和小伙伴们时常躺在家乡的草坪上，仰望着美丽的星空，偶尔还能看见流星划过，那时的欢呼与过后的惊诧至今仍历历在目。冬天的早晨，我们则常常流连于冰雪覆盖的小路，经常因堆雪人和打屋檐的冰凌锥而忘记了上学。当然，春天和秋天对于孩子们来说，更是大自然赐予最慷慨、最丰厚的时候。无论是春花的烂漫还是秋果的诱人，至今都是我心中最温暖的回忆。

随着年岁的增长，许许多多扑朔迷离的自然现象，构成了一个又一个神秘莫测的奥秘。自然界的事物不再只是心头美丽的驻足，而是慢慢地变成了诸多诱使我去探索的动力。幸好，学校的数、理、化、生物等课程给了我一些答案。但是，课本的知识毕竟十分有限，而阅读课外书籍给了我巨大的帮助。

在成长过程中，随着知识的增加，我的好奇心也越来越强，迫切地想要了解那些发明创造的过程和那些奇思妙想的主人。是谁捡到了那只证明了万有引力的苹果？是谁让漆黑的夜晚亮如白昼？是谁开启了工业时代的大门？又是谁让人类迎来了飞天的奇迹？是他们，站在科技前沿的科学家们，带着诸多疑问，不断地对我们生存的空间进行研究，渴求破译这充满超自然现象的世界。是他们一步步带领着我们进入科技时代。

茫茫宇宙中是否还存在其他智慧生物？如何科学地解释人体与自然的离奇现象？他们用不断探索的精神引领我们认知世界，辨别真伪。我们为他们的创造精神而感动，为他们的科研成果而骄傲，更为他们对人类的贡献表示由衷的感谢！

写在前面的话

被逼"退学"的发明大王爱迪生，中国现代数学之父华罗庚，带给人类动力的发明家瓦特，太空探索的先驱者布劳恩，实验科学研究的先驱伽利略，为人类插上翅膀的莱特兄弟，放射性元素之母居里夫人……我们将这些科学家的故事汇集起来，编撰成册，希望能让读者朋友们全面了解他们的一生和那些与他们无法分离的伟大事迹，使大家从中有所收获。

就让我们一同走近这些科学家，了解他们发明创造背后的故事，让他们的成长历程启示我们；让他们的挫折坎坷激励我们；让他们的灵感火花指引我们，让我们站在巨人的肩膀上，走向更高的目标，实现更伟大的理想！

"世界名人非常之路"大型系列丛书之"科学家成长之路"篇，就是这样一套专门拓展中学生科学视野，提高科学素养的图书。让我们沉醉于神奇、瑰丽的大千世界之中，感受科技的强大，伟人的魅力，从而启迪智慧，丰富想象，激发创造，培养青少年热爱科学、献身科学的决心，以及热爱人类、保护环境的爱心。

丛书紧密结合当前中学教材中涉及的历史名人，以及物理、化学、生物、地理、天文、材料、医学、能源、环境、航空航天等多方面的科学知识。在这里，科学家的成功不再神秘，愿科学家的成长之路能够成为你开启成功之门的金钥匙。

年轻的朋友们，让知识为你们的梦想插上科学的翅膀吧！

人物简介

❧ 生卒与经历 ❧

阿尔弗雷德·伯纳德·诺贝尔（Alfred Bernhard Nobel，1833～1896）于 1833 年 10 月 21 日出生在瑞典的斯德哥尔摩，他是著名化学家、工程师和发明家，并拥有大型军工厂和钢铁厂，是军工装备的制造商和硝化甘油炸药的发明者。

诺贝尔的父亲伊曼纽尔·诺贝尔是以发现淋巴管而成为著名瑞典博物学家的路德伯克的后裔，同时是位发明家，诺贝尔从父亲那里学习了工程学基础，也像父亲一样从小具有发明的才能。

诺贝尔从小主要接受家庭教师的教育，16 岁时，在化学方面的天赋与才能就初露端倪。他还能流利地说英、法、德、俄、瑞典等国语言。

1850 年，诺贝尔离开俄国赴巴黎学习化学，后返回圣彼得堡后，在他父亲工厂里工作，直到 1859 年工厂破产为止。重返瑞典以后，诺贝尔开始制造液体炸药硝化甘油。这种炸药投产后不久的 1864 年，工厂发生爆炸，诺贝尔最小的弟弟埃米尔和另外四人被炸死。由于危险太大，瑞典政府禁止重建工厂，被认为是"科学疯子"的诺贝尔，只好在湖面的一只船上进行实验。他发现硝化甘油可以被干燥的硅藻土所吸附，使他得以改进黄色炸药和必要的雷管。他的黄色炸药在英国和美国取得专利之后，诺贝尔进而实验并研制成一种威力更大的同一类型的炸药爆炸胶，并于 1876 年取得专利。大约 10 年后，又研制出最早的硝化甘油无烟火药弹道炸药。

1896 年 12 月 10 日，诺贝尔在意大利的圣雷莫去世，终年 63 岁。

诺贝尔在遗嘱中，利用他的巨大财富创立了诺贝尔奖，各种诺贝尔奖项均以他的名字命名。人造元素锘也是以诺贝尔命名的。

诺 贝 尔

成就与贡献

诺贝尔一生发明极多，他的一生有几百种发明专利，其中仅炸药专利就达一百多种，就在他生命垂危之际，他仍念念不忘新型炸药的研究。

诺贝尔知识丰富，兴趣广泛，多才多艺。他对电学、光学、机械学、生物学、生理学都相当了解，时常把自己的研究和其他学科联系起来加以思索。他说："各种科学彼此之间是有内在联系的，为了解决某一科学领域里的问题，应该借助于其他有关的科学知识。"

诺贝尔晚年做过人造丝和人造橡胶试验，虽然没有成功，但对后来的发明却有不少帮助。

从1886年到1896年的10年间，诺贝尔开办的跨国公司遍及21个国家，拥有90余座工厂，雇工多达万余人，到了19世纪80年代末至90年代初，诺贝尔跨国公司实际上已成为一个庞大的工业帝国。

地位与影响

在世界科学史上，诺贝尔是一位伟大的科学家。

1880年，诺贝尔获得瑞典国王颁发的科学勋章，此后他又获得法国大勋章。他的遗产所产生的利息，被当作"诺贝尔奖"的基金，颁发给在物理学、化学、生理学或医学、文学、和平、经济学等领域中成就最突出的人，它象征着和平、发展与进步。

诺贝尔的贡献不仅在于他的科学发明，不仅在于他将毕生的财富捐献给社会作为鼓励世界科学事业的发展基金，更在于他给瑞典，给斯德哥尔摩注入了永久的内涵和永恒的文化与精神财富。

今天，以诺贝尔的名字命名的科学奖，已经成为举世瞩目的最高科学大奖。他的名字和人类在科学探索中取得的成就一道，永远地留在了人类社会发展的文明史册上。

目录

诺 贝 尔

贫弱少年

险些夭折的衰弱婴儿 …………………………………… 2
不坐婴儿车的小孩儿 …………………………………… 9
热衷发明创造的父亲 …………………………………… 12
关心疼爱孩子的母亲 …………………………………… 15
在父亲言传身教中成长 ………………………………… 21
学习领悟能力让人吃惊 ………………………………… 25
学习之余到父亲工厂实习 ……………………………… 30
满怀信心赴海外留学 …………………………………… 33

献身事业

显露出发明天赋 ………………………………………… 38
初次接触硝化甘油 ……………………………………… 42
专心研制硝化甘油 ……………………………………… 45
得到贷款初建工厂 ……………………………………… 51
灵感爆发的那一刻 ……………………………………… 54
勇敢面对爆炸事件 ……………………………………… 57
同胞兄弟遭遇不测 ……………………………………… 61
当众实验硝化甘油 ……………………………………… 64
顶住压力发明新炸药 …………………………………… 68
实验发明新引爆装置 …………………………………… 73

炸药之父

努力开发美国市场 ……………………………………… 78
大胆进军德国市场 ……………………………………… 84
迅速拓展法国市场 ……………………………………… 89
排除障碍建厂英伦 ……………………………………… 92

诺贝尔

齐心协力创办公司 …………………………………… 97

商战中申请专利权 …………………………………… 101

打造炸药商业帝国 …………………………………… 106

慈善之心

兴趣广泛的慈善家 …………………………………… 112

挚爱父母的大孝子 …………………………………… 116

居无定所心系祖国 …………………………………… 120

社交旅行只为工作 …………………………………… 123

说不清的梦幻苦恋 …………………………………… 130

火热而慈善的心肠 …………………………………… 136

全力保障失业者生活 ………………………………… 142

用文学艺术体现关爱 ………………………………… 145

不屈老人

反对炸药用于战争 …………………………………… 152

大力资助北极探险 …………………………………… 157

涉足政治反对专制 …………………………………… 159

反对虚名赢得尊敬 …………………………………… 161

崇尚简朴的生活作风 ………………………………… 166

拥有鲜明的独特性格 ………………………………… 170

眷恋祖国落叶归根 …………………………………… 172

留下遗嘱牵动世界 …………………………………… 177

实施诺贝尔奖金分配 ………………………………… 184

附　录

经典故事 ……………………………………………… 190

年　谱 ………………………………………………… 195

名　言 ………………………………………………… 197

贫弱少年

沉溺于父母的权势和金钱里，只能是吃馋了嘴，懒散了筋，毒化了灵魂，搞不好还会葬送青春，葬送事业。

—— 诺贝尔

险些夭折的衰弱婴儿

1833 年 10 月 21 日，诺贝尔出生在瑞典首都斯德哥尔摩。诺贝尔的祖先来自斯堪的纳维亚半岛最南端。他父亲之前的几代人都生在瑞典的中部。他母亲的祖先中，既有斯科纳北部的斯莫兰省里农民的血统，又有瑞典中部地区中产阶级家庭的血统。

父母双方的祖先，都有着瑞典农民和中产阶级的名字，父方的祖先是瑞典文化历史上的著名学者，其中有一位国际知名人士，他叫奥罗夫·路德伯克。

奥罗夫·路德伯克是一位杰出的瑞典科学家，他是诺贝尔祖先中最有名气的一位。诺贝尔家族便继承了他卓越的品质。

奥罗夫·路德伯克精力充沛、学识渊博，在艺术和音乐方面的造诣深厚，从而体现出他在这方面的天赋。他改革了乌普萨拉大学，并且一度当过这所大学的校长；他还教授过诸如天文、数学、化学、物理、解剖学、动物、植物、机械、建筑、炮兵科学及烟火制造术等不同的课程。诺贝尔家族后来几代人为之奋斗终生的，也就是这些课题。

在 1653 年，路德伯克发现了淋巴系统，在 1679 年至 1702 年间，出版了历史考古学著作《大西洋》，使他名传后世。路德伯克是阿尔弗雷德·诺贝尔祖父的曾外祖父。

在斯科纳省的东阿贝罗福，有一位农民的孩子叫彼得·奥罗福逊，他喜好音乐，在 17 世纪 70 年代，他离开了家乡，到北部的乌普萨拉去学习。

1682 年，彼得·奥罗福逊进入乌普萨拉大学的法律系，并改名为皮德洛斯·奥来·诺比叶里斯。他对音乐的爱好，为他提供了踏进路德伯克的社交圈及文化家庭的敲门砖。

在取得法律学位之后，他被任命为乌普萨拉附近一个县法院的法官，并且在 1696 年，同路德伯克的女儿温德拉结了婚。

皮德洛斯和温德拉·诺比叶里斯，就是诺贝尔这个瑞典家族的祖先。他们最小的儿子名叫奥罗夫·珀森·诺比叶里斯，是一名当地知名的画家，也就是阿尔弗雷德·诺贝尔的曾祖父。

正是他的儿子，外科医生老伊曼纽尔·诺比叶里斯在耶夫勒当过地区卫生官，并在战争时期作为军医服役，后来将他的姓改为诺贝尔。他的大儿子伊曼纽尔是位有名的发明家，伊曼纽尔就是阿尔弗雷德·诺贝尔的父亲。

诺贝尔延续了家族的血统，并在很大程度上传承了他父亲伊曼纽尔·诺贝尔坚忍不拔的性格。

阿尔弗雷德·诺贝尔的父亲小伊曼纽尔·诺贝尔，是一位有着天然禀赋和在几个方面有建树的人。要想真正了解他的儿子阿尔弗雷德的复杂品格和非凡事业，在很大程度上取决于首先对这位父亲的情况的知晓。

大自然慷慨地给予伊曼纽尔巨大的天赋，强健的体格，不屈不挠的勇气，以及最不寻常的精力。对于他的童年和学生时代，我们所知不多。但是，他那丰富的常识、敏锐的观察力、漫无边际而通常有效的想象力，弥补了基础学习的明显不足。他突出地成为一位最受欢迎的人。

在伊曼纽尔的一个后代所保存的文案中，有他晚年亲手撰写的一份 112 页长的自传。这份自传生动、坦率而又诙谐地写下了他自 1813 年至 1837 年在国内外奋斗生涯的片段。它阐明并证实了迄今难以肯定或尚不了解的许多关于他的细节。

一种兴衰起伏、风云莫测的生涯，使得他有很多机会来发展与提高自己固有的才干。他出生在斯德哥尔摩北部的繁忙商港耶夫勒市，母亲家有几名亲属是海员。由于他是一个强壮机灵、富于智谋但却不愿学习的少年，所以他在 14 岁那年就被送去当了水手。跟随着远洋帆船出航，使他能够看到地中海国家和远东。

他在桅杆前经历了 3 年充满冒险的生活后，于 1818 年回到了自己的故乡，他对绘画和机械建筑的明显嗜好，使他在耶夫勒学了一年建筑艺术之后，进了斯德哥尔摩工艺学院的建筑系深造。由于他在这里表现突出，曾以优异成绩受到过学院三次奖励。在学习期间，他还兼任了这座学院机械系的设计员和助教，并在这里数次得到建筑和机械建造的奖学金。这里为他那种发明创造的癖好以及压抑不住的进行实验的欲望提供了机会。他毕生保持着这种癖好和欲望，并且将它传给了他的儿子们。

但是，经过所有这些勤勉苦干，他开始走上很多别的有远见的发明家的命运之路：迎面相会而缺乏理解。作为走在时代前面的一位探索者，他经常引起人们的反对，而实验又是一件代价高昂的活动。别人不愿资助他那些古怪新奇的东西尚且不论，伊曼纽尔还必须像某些天才那样，要为自己的奇妙想法花钱，并且招致人们的误解。他具有想象力和乐观情绪，但却远非一位经济家。

1827 年，伊曼纽尔娶妻罗琳娜·安德烈特·阿尔塞尔，他们的结合被公认是很幸福的，并且持续了 45 年；然而由于上述原因，所建立的家庭却长期非常贫困。他们在斯德哥尔摩郊区搬来搬去，总想找房租最便宜的住处，这个小家庭充满了忧虑、债务和灾难。

罗琳娜·安德烈特·阿尔塞尔是一位贤良妇女，出生于瑞典南部多山的斯莫兰省一个勤劳的农民家庭。她有着丰富的智慧和精力，并且富有幽默感。她讲求实际，乐观快活，谦虚有礼，所有这些品德，当然对她都很有益处。

他们狭窄简陋的住房，使得这个家庭每生一个孩子就要搬动一次。夫妻俩曾经有过 8 个孩子，但却只有 3 个儿子，即罗伯特、路德维希和阿尔弗雷德，活得超过 21 岁。这 3 个孩子都从母亲那里继承了优良的品德。

尽管贫困，他们却是在一位正直、严厉、脾性暴躁的父亲（每当他在家的时候），及一位深受爱戴、有教养和好心肠的母亲的慈爱关怀下成长的。他们生活在母亲方面阿尔塞尔这个下中层家庭圈子里，那里的和谐相助与心地善良，对于在艰苦生活期间的每个人来说，都是一种力量的源泉。

诺贝尔出生地的诺曼街 9 号已被拆除，在以后建成的楼房墙壁大理石碑上刻有这样的字："发明家、促进文化者、和平之友阿尔弗雷德·诺贝尔，1833 年 10 月出生于此。"

诺贝尔一生下来便体弱多病，连呼吸和吃奶的力气都没有。伊曼纽尔的妻子罗琳娜常常凝视着裹着毯子熟睡在摇篮里的婴儿，她是那么的揪心。这孩子生来衰弱，最近又连续闹了几次病。此刻，他脸色苍白，呼吸微弱，毫无生气。

"这个孩子，究竟能不能活下来呀？"罗琳娜带着哽咽声对医生说。

医生竟然也说出了没有信心的话："我只有尽我所能了！不过，你们一定要好好地精心照顾他，他需要特别地呵护。"

父亲伊曼纽尔十分担心他活不长，常常暗自祈祷："这个小家伙将给我带来的是福还是祸？让他给我带来新的希望吧！阿门。"

北欧的冬天，太阳落下去很早。刚到 16 时，暮色已经很浓了，天地间变得越来越昏暗。打开窗子一看，不远处落尽了叶子的几棵白杨如扫帚一样耸立在灰暗的天空。往远处望去，就是荒凉的一片庄稼地。

"啊，天黑了。"罗琳娜喃喃地说，随手把窗户关好。转身擦根火柴，点亮了放置在枕头边上的蜡烛。

朦胧的烛光照着婴儿，他还在不停地喘息着。婴儿在大雪纷飞的冬天着了凉，后来又转为支气管炎，虽然春天快到了，但孩子身体竟是一天不如一天的衰弱。

"一样是父母所生，可是，两个大的孩子是那样地健康，这个孩子却这样。"罗琳娜的脸色越加黯然起来。

突然间，外面传来了急促的脚步声，推门进来的是罗伯特和路德维希。

"妈，我们回来了。"两个活泼的孩子吁吁地喘着气，他们迫不及待地想说什么。罗琳娜知道，他们又在外面淘气了。

"嘘！"母亲用手指轻轻地指着睡熟的婴儿，阻止他们的叫喊声。

两个孩子就放低了声音，凑近母亲的耳边，向妈妈报告他们所谓的重大发现。哥哥罗伯特说："妈妈，我们到河边去，看见有一只大猫。"

弟弟说："大哥，那只猫一定是只猫妖精，是刚被淹死的，你说是不是？"

"猫？你们可不要虐待猫呀！它会抓破你们的脸的！"妈妈紧张地说。

"不，妈妈，那是一只死猫，在河里一沉一浮的。"弟弟赶紧说。

"快说，你们把那只猫怎么样了？"妈妈急切地小声问。

"我们用棍子把它挑上来了。"

"啊！你们怎么可以拿着死猫玩呀？"

"可是，它很大呀！妈妈，那不过是一只死猫，它有这么大呢！"哥哥用手比画着说。他当时和弟弟都认为自己很勇敢，没想到妈妈竟然这样评价，似乎有点不服气的样子。

"这样说来，你们把那只死猫带回家里来了呀？"

"嗯。"

"在哪儿？"

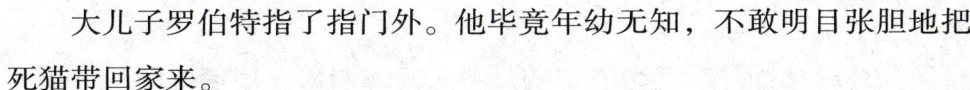

大儿子罗伯特指了指门外。他毕竟年幼无知，不敢明目张胆地把死猫带回家来。

"真胡闹！"妈妈嘴里唠叨着，打开门走出来。果然，有一只大黑猫躺在门外，脖子上还缠着绳子，大概是用绳子拖回来的。

"咳，真可怜！"母亲说着，从工具房拿出铁锹，在院子外的一角挖开还没完全化开的一层冻土，把猫埋进坑里。死猫冰冷的感觉，让人毛骨悚然。

天很快就黑下来了，北国的星星在天空中闪闪地放出寒光。

罗琳娜仰望星空的时候，忽然觉得后背有一股冰冷的感觉：病中的孩子还没痊愈，这两个淘气包竟然带回来一只死猫。她似乎有一种不祥的预感。

这天晚上，罗琳娜怎么也睡不着。丈夫伊曼纽尔也没睡，他还在那里设计他的图纸。工作房的门缝里透出昏黄的烛光。

大孩子们大概白天玩累了，吃晚饭的时候就喊累，现在早已经睡着了。

"哥哥们精力那样充沛，只有这个孩子这么虚弱，大概是贫穷，以致这么营养不良，我的奶水也不够。"

想到这里，罗琳娜目不转睛地看着这个呼吸困难、喘息不停的婴儿，觉得他非常可怜。

此时，蜡烛发出了"吱吱吱"的声音，摇晃不定。罗琳娜拿起剪子剪了一下烛芯，又开始打毛线了。那是给幼子编织的红毛线裤，已经完成一半了。

房间里静悄悄的，没有任何动静，偶尔听到窗户外面刮来的风声。

几个钟头过去了，母亲突然停下了手中的活。

"哎呀！"罗琳娜惊叫了一声，随即把幼子抱了起来。

突然的剧烈痉挛，令幼子颤抖着两只小手，目瞪口呆，四肢挺直！

"巴涅！巴涅！"脸色苍白的母亲失声惊叫着，用颤抖的双手抱着这个瘦弱已极的婴儿。孩子在她的怀里就那么一动不动！

伊曼纽尔听到叫喊声，推倒了椅子，手拿三角板，从工作房跑出来。

"怎么了，罗琳娜？怎么了？"

"巴……巴涅……巴涅……"罗琳娜此时手忙脚乱。

伊曼纽尔默默地接过孩子，孩子的身体软塌塌的。他用手试了试鼻息，又摸摸脉门。"咳！还是没办法救了！"尽管他是个刚强的男子汉，可是，眼泪却一滴一滴地落在孩子脸上。

"罗琳娜，想开点儿吧！如果是神的旨意，我们只能接受。"伊曼纽尔叹了口气，说道。突然，他的脸色变了。说也奇怪，婴儿的脉搏，又开始微弱地跳动起来。

罗琳娜兴奋地把满是泪水的脸贴在婴儿的小脸蛋儿上，两手紧紧地攥着他。她把孩子轻轻地放回摇篮里，夫妻两人就这么在旁边守着。

朦胧的月光照在被雨水淋污的墙壁上，映出一个清晰的图形。罗琳娜情不自禁地跪下身来，轻声祈祷，她说："万能的神啊！求你救救巴涅可怜的小生命吧！"

此时，钟表上的时针慢慢移动着。北国冬季的漫漫长夜，渐渐过去了，即将迎接一个初春的早晨。

这个衰弱的婴儿在父母的精心呵护下，终于顽强地活下来了。

他，就是后来大名鼎鼎的诺贝尔。

不坐婴儿车的小孩儿

一天，母亲说："巴涅，咱们到外婆家去！"母亲说完，就推着婴儿车出来了。

乳名叫作巴涅的诺贝尔，在婴儿时期生了几次大病，后来，他总算是挣脱了病魔的手。父母辛辛苦苦好不容易才把他养育这么大。

现在，小诺贝尔已经3岁了，但他两只脚还不如同龄孩子强健。可是尽管如此，他还是不愿意坐婴儿车。他一看母亲推出婴儿车，就说："妈妈，我自己走路！"

"哈哈，可是，走到半路，你要我抱怎么办？外婆家可不近啊。"

"嗯，可是……"

"那么，这样吧，能走尽量走，累了就坐车，好不好？"

"嗯。"诺贝尔点了点头答应了。

母亲罗琳娜通常是先把自己的希望说出来，让儿子先了解了，他就不会再闹了，这就是小诺贝尔向来的脾气。

罗琳娜的娘家住在斯德哥尔摩的一片丘陵地上，虽不是大宅第，却有很讲究很像样的大门。大门的柱子上爬满了常青藤，显得十分幽雅。

婴儿车一上坡，外婆就出来迎接了。

"哦，罗琳娜！小宝宝也一起来了！"

外婆伸出双手，从婴儿车里抱起诺贝尔。外婆对这个最小的外孙疼爱极了，这辆婴儿车也是外婆特意买给他的。

"进来吧！"罗琳娜的哥哥也在家，他热情地说。

"时常麻烦你，真不好意思。"

"哪里，没什么，罗琳娜，遇事不要太焦虑，要注意健康，弄坏了身体可就糟了。伊曼纽尔一定会有很大的成就，你要相信他、帮助他。"

这时，罗琳娜的眼泪流下来了。她想，无论什么时候来求助，哥哥不但没有厌烦的意思，反而加以安慰，他的慈爱温情，真使她感激涕零。

母亲给女儿倒了杯红茶。

小诺贝尔一到这里，就不肯离开外婆了，他贴在外婆怀里，手里还抓着一把饼干呢！

"巴涅！"外婆逗着小外孙。

"嗯！"诺贝尔在外婆的怀里嘻嘻地笑了。

老太太转过头问罗琳娜说："大家都好吗？"

"都好，两个大孩子太淘气，一刻都不能安静。"

"伊曼纽尔怎么样？"

"和过去一样，脑袋里仍充满发明的念头。"

"是吗？如果不是发明癖太深，他的建筑技术是没有人能比得上的。"

罗琳娜母亲好像很相信这一点。

罗琳娜以反驳似的口气说：

"可是，妈，你要知道，唯有发明才是他的生命。如果停止了他的发明，伊曼纽尔便有行尸走肉的感觉，所以，我怎样吃苦都不要紧，我一定要协助他完成大志。"

哥哥接着也鼓励罗琳娜说：

"你说得很对，罗琳娜，你要坚持到底。伊曼纽尔的发明会不会完成，那全要看你的意志坚不坚定了。也许要多吃一点苦，可是，这也是为了完成宝贵的发明。我也会帮你的忙。等到渡过了这个难关，自然就有好日子过了。"

罗琳娜眼中的泪水不禁夺眶而出。"哥哥，谢谢你。只有你一直鼓励我们、支持我们。可是，不管人家怎样说，我要继续奋斗，直到他发明成功。"

小诺贝尔虽然听不懂大人的话，却感到房子里的气氛很严肃，有一股令人窒息的压力，于是，他便默默地坐在一旁。

不知不觉，房子里已暗了起来。

罗琳娜偶然抬起头来往外面看了看，然后喃喃地说："咦，是不是下雪了？"

窗外，灰色的天空中，飘下了银白色的雪花。

罗琳娜转头对巴涅说：

"是雪，巴涅，咱们赶快回家吧！"

罗琳娜把哥哥交给她的钱收进衣袋里，就匆匆忙忙地站起身来，说：

"哥哥，谢谢你。妈妈，再见！"

罗琳娜急忙带着诺贝尔回家了。雪越下越大了。

热衷发明创造的父亲

19 世纪 30 年代初，即使在遥远的瑞典，也受到那种反对一切既定和传统事物的变革之风的影响。1830 年巴黎的七月革命，像暴风雨一样遮掩着广阔大地，它使当时还是和平无忧的斯德哥尔摩也发生了政治动乱。

金钱匮乏，全国经济生活中的商业萧条、农业的歉收和可怕的霍乱病，加剧了这种普遍的焦虑。平民百姓在经历着一个艰难时期，为了生存，首批移民向着幻想中的闪闪发光的旗鱼星座的美国出发了。

此时，由于在建筑技术方面受过良好训练，伊曼纽尔在斯德哥尔摩完成过不少新的建设和建筑工程，最初是同别人合伙，后来则是自己干。他曾进行过关于"活动木房"的种种设计实验，建造了浮桥，并且造出了得到公认的各种机床。

早在 1828 年，他就发明了"诺贝尔机械运动"并获得了专利权，从而作为一名发明家而初露头角。"诺贝尔机械运动"，是一种将循环运动改为前后运动的新方法，在这种方法的基础上，造出了有 10 个滚轮的碾压机。

不幸的是，1833 年这年，伊曼纽尔的家里遭受了一场火灾，当时伊曼纽尔不在家，他的妻子罗琳娜只来得及救出了她的孩子，她自己还险些送了命。

无情的大火烧毁了伊曼纽尔的大部分财产，经过财产核算，他资不抵债，成了欠债户。家里的生活一下紧巴起来，不得不搬到后来的一套狭小、简陋的房子里住。

这时，他们家已有 3 个孩子，而且阿尔弗雷德仍然体弱多病，这让伊曼纽尔和罗琳娜十分犯愁。不过，也不是没有希望。

伊曼纽尔对事业有热情、有追求，对生活充满信心；罗琳娜精力充沛、能吃苦，有着坚强的意志，不怕生活不能好转起来。

为了寻找新的发展机会，伊曼纽尔在楼下后院搭起一个小棚子，这就是他的实验室，他成天钻在里面搞发明。

伊曼纽尔富于想象，但往往想象的翅膀会飞得离现实太远，许多设想无法付诸实施。

遇到思路和实验不顺的时候，他还容易急躁。相比之下，罗琳娜的头脑更理智、冷静，当丈夫想入非非时，她提醒他看看现实的地面；当丈夫情绪不高时，她又鼓起他自信的风帆。

一天，伊曼纽尔兴奋地说："罗琳娜，我找到一个新办法了。可以试制、生产一种新产品，叫橡胶。橡胶这东西可有用了，又结实又柔软，能随意制成各种形状。

"我打算用它做成一种行军袋，供士兵使用。平时可以装东西，过河时吹上气就是救生圈。许多个合起来还可以当浮桥呢。瑞典的国防这么弱，这个产品可以帮助我们增强军力。对了，橡胶还可以制成医疗用品呢。"

很快，一个小小的橡胶生产厂建立起来了。可是，他的这种产品并没有得到军方的支持，因为军方缺少经费。

伊曼纽尔又把眼光投向了炸药的研究。炸药是修路、挖河、开矿的重要工具，使用炸药可以节省许多劳力、资金，而瑞典的主要产业就是采矿业。

1837 年，伊曼纽尔在他家后院的那个棚子里开始进行炸药试验，研究炸药的各种配方，以及温度、湿度等对炸药性能的影响。

一天早晨，伊曼纽尔家发出了爆炸的巨响，震得房屋摇晃，门窗咯咯作响。把全楼的人都吓了一跳。

伊曼纽尔这时正为他找到了一种新炸药配方而兴高采烈。

大家纷纷跑出来看，只见伊曼纽尔的小实验棚冒出一股浓烟，院子里弥漫着难闻的气味，伊曼纽尔满头烟灰地钻出棚子。

邻居们惊魂未定，大呼大叫，议论纷纷："我早就说过，你整天胡思乱想地搞什么发明，是不会有好结果的！"

"真险哪！迟早会炸了我们的房子。"

"真是个不可思议的怪人，别是神经出毛病了吧？"

伊曼纽尔忙不迭地给大家道歉："真对不起！真对不起！打扰大家了。不过炸药的实验用量很小，不会有危险的。"

罗琳娜也慌忙丢了手中的活计，跑下楼来，帮着丈夫给邻居赔不是。

刚刚有点懂事的阿尔弗雷德和哥哥们站在人群后面看着这一切。阿尔弗雷德觉得父亲的工作非常有趣，对父亲充满了敬佩之情。可邻居这样指责父亲，父母这样受委屈，他的心里很难过。

市政当局得悉这个事件后，下令禁止伊曼纽尔再进行炸药实验。

几次努力均遭失败，伊曼纽尔很不理解。经过思考，他渐渐明白了：瑞典不是我干事业的地方，国家的经济实力太弱，难以采纳我的新技术和新产品；人们的思想很狭隘，不能理解我的发明研究工作。不如到俄国去试试，俄国政府正大力推进工业与军队的现代化呢，我成功的希望可能更大些。

不久，伊曼纽尔就去了芬兰，打算先在那里搞些研制实验，成功了再转去俄国。

关心疼爱孩子的母亲

父亲离开家乡时，诺贝尔才刚刚4岁。家庭生活的重担全落到了母亲一人身上，生活也更加困难了。

为帮助这母子四人度日，罗琳娜的娘家阿尔塞尔一家热心地资助她开了一个卖牛奶、蔬菜的小店，以增加他们的生活来源。亲戚、朋友的乐于助人精神使阿尔弗雷德从小就受到了感染。

在罗琳娜的精心抚养下，阿尔弗雷德不仅活下来了，并且长大了。

不过，他的身体依然不够健康，尤其是胃总是犯病，还很容易患感冒，动辄卧床不起。

罗琳娜让罗伯特和路德维希住一间屋，自己带着阿尔弗雷德住另一间屋，以便随时能照顾他。

卧室简直成了阿尔弗雷德的病室，他差不多有一半的时间躺在床上。

罗琳娜不时地进来照看他。

吃饭时，特地给他留点好吃的，把盘子端到床边，一勺一勺地喂他，还不时地问他："好吃吗？"

"嗯、嗯。"阿尔弗雷德不住地答应。

1851年，在他18岁时，阿尔弗雷德曾用出色的英文，写了一首419行的自传诗，题目是《一则谜语》。

这首诗现在还保存完好，这对于了解他除此以外无法知晓的童年和青春时代的生活与思想，有着重要的意义。他在这首诗里，是这样描写他早年岁月的：

我的摇篮好像死床，
忧虑的母亲
多年看护在旁，
尽管希望渺茫，
却要拯救这欲灭之光。
我好容易才鼓起劲来，
吸吮几口乳汁充肠。
接着是抽筋痉挛，
濒于死亡。
直到我抓到生命之光，
死前之苦方告未央。

阿尔弗雷德这个孩子，比别的孩子显得苍白与安静，在贤惠母亲的关怀下，度过了头 8 个年头。这是他永远也忘不了的一段时期。

但是，由于长期健康不佳，他的童年不属于自己，不像别人的童年那样欢乐顽皮、无忧无虑，能留下美好的回忆。

《一则谜语》接着又用他生动敏锐的语言，向我们讲了下面一段激动人心的故事。

他现在已是一名儿童，
在其足迹所及的小世界里，
虚弱的身体，
使他依然变得陌生。
小伙伴玩耍之时，
他无法参加，
只能充当可怜的观众。

童年的欢乐既被排净，
他的脑海便不断沉思，
盘算着未来的事情。
要攀登思路所及的顶峰，
由于没有判断力，
我难以制止它的奔腾；
忽而感到困难重重，
有似一场金色美梦。
今昔那些清醒的悲痛，
看来只是一块踏脚石，
通向极乐的前程。

母亲那细致入微、充满温情的关怀，使阿尔弗雷德的心中洋溢着无限暖意，这也减轻了疾病给他带来的痛苦。

有的时候，在感觉到自己身体好些的时候，阿尔弗雷德就到后院去，看小朋友们在一起玩耍的情景，看到罗伯特和路德维希都在里面追逐着。路德维希很有组织才能，经常担任游戏中的首领。

哥哥们玩得兴高采烈，阿尔弗雷德在楼梯口静静地立着，羡慕地望着他们。

他是多么想和他们一起玩耍啊！

可是，现实却不能。他根本就不是孩子们游戏圈中的人。他的身体太虚弱，是根本经不起游戏的奔跑和冲击的。

罗琳娜看着阿尔弗雷德孤独伫立的样子，不禁一阵心酸。她心中暗暗盘算：

"怎么能给他一点乐趣呢？怎么才能让这可怜的孩子不感到寂寞呢？不能与哥哥们一起玩耍，阿尔弗雷德就只能经常一个人待着沉于幻想。"

这天，阿尔弗雷德趴在窗口，呆呆地望着天上的云朵出神。

天空的白云变幻着，飘荡着，一会儿像一匹奔马，一会儿又变成一艘战舰。

他想象着自己有那么一天，能够骑着骏马在天上奔驰，能够乘着大船到大海中旅行。

他是那么的全神贯注，甚至连母亲何时来到身后，都没有察觉。

"阿尔弗雷德，"罗琳娜轻轻地说，"小宝贝，妈妈教你玩游戏好吗？"

"玩游戏？"阿尔弗雷德眼睛一亮，"那太好了！玩什么游戏？"

"字母游戏。"

罗琳娜拿出一沓卡片。这样，母亲教他识字便成了一项有趣的活动。阿尔弗雷德也真聪明，很快就学会了不少单词。

阿尔弗雷德学得这么快，罗琳娜心里真高兴。接着，她又给阿尔弗雷德带来了新的学习项目。

她把罗伯特、路德维希的小学课本拿到他面前，问道：

"这是哥哥们上学用的课本，你想不想学会更多的单词，再学会读书和写文章呢？"

那还用说。阿尔弗雷德早就希望能和哥哥们一起去上学了。前几天，他还向母亲表达过这一愿望呢。

可母亲说："你还小，身体也不好，以后再说吧。"

罗琳娜真不忍心让体弱多病的小儿子离开自己的怀抱，去接受严格的管束。

学校嘛，总是有纪律的，阿尔弗雷德能受得了吗？可罗琳娜又担心，怕他上学太晚会跟不上学习进度。

于是，她想出一个办法，由自己先来教阿尔弗雷德学习小学课本。

阿尔弗雷德的高兴劲就甭提了，暂时不上学也能和哥哥们一样读书了，他多么盼望自己能和哥哥们拥有一样多的知识啊！

每天晚上，罗琳娜在干完了店里和家里的活后，就开始教阿尔弗雷德读课本。

阿尔弗雷德总是专心致志地听，并用心记下来。白天，母亲忙着干活时，他就安安静静地坐在床上或桌前，继续复习前一天晚上所学的东西！

这一天，伊曼纽尔从芬兰寄回了一封家信。

他告诉罗琳娜，他在芬兰可以从事炸药的研究了，现在他正集中精力研制地雷和水雷。只要一有机会，他就可以去圣彼得堡实验、表演，以赢得俄国政府的支持。可眼下还得等待。

父亲的事业还在艰难地进行，尚未有转机。家里的生活仍然很困难。

有一次，母亲给了罗伯特一枚硬币：

"罗伯特，你去买点晚饭吃的面包吧！"

"好的，妈妈！"

罗伯特说完，拿着一枚硬币高高兴兴地跑走了。

过了半天，他空着手愁眉苦脸地回来了，又害怕又伤心地说：

"妈妈，我在路上把钱弄丢了，找了大半天也没找到。"

母亲无奈地叹了口气，嘱咐罗伯特以后小心点。

有段时间，罗琳娜的小店经营状况不好，为了维持家庭的生活开支，她弄来一些火柴，让罗伯特和路德维希上街去卖。

这两个孩子一边吆喝，一边向路人推销自己的火柴，在寒冷的大街上，经常又冷又饿，但是两个孩子坚持了下来。

罗伯特和路德维希后来都成为有名的技术家、商人和各方面的创业者。

作为厂主和军火制造商，他们俩注定要在一些前途远大的商业企业方面进行合作。

但是，他们最重要的地位，则是作为这个大家庭在俄国石油工业方面的创始人，在外高加索的巴库开办了"诺贝尔兄弟石油生产公司"，阿尔弗雷德也是这家公司的一个股东。

他们的成就对俄罗斯帝国及其国防、工业化和海陆运输，都有着巨大的意义。其详细情况，这里就不必赘述了。

他们都是富有才能、严肃认真、带有脾性和善于经营的人，同他们的弟弟阿尔弗雷德一样，在使诺贝尔这个瑞典姓名在全世界驰名并且受到尊重方面，起过帮助作用。

伊曼纽尔和他的儿子们无论在什么地方工作，总要以他们的精力及创新精神，经常从事一些有益的事业，而这一点正是他们共有的特性。

在父亲言传身教中成长

1841 年，诺贝尔已经 8 岁了，到了该上学的年龄了。

这年秋天，诺贝尔进了斯德哥尔摩的圣雅可布高级卫道士小学。

自从走进学校以后，小诺贝尔的身子骨渐渐结实起来，也不像以前那样爱闹病了。

小诺贝尔天生就是个沉默寡言的孩子，加上他从小就被整天关在家里，所以也没有朋友。但是在学校，在众人之前，他却毫不胆怯。在教室里他也瞪着大眼睛，专心听老师的讲解。

"那么，河水为什么会流？谁知道？"

老师出的问题，对一年级的学生来说，是相当有难度的。

"我知道。"诺贝尔勇敢地举起手来。他再一看周围，发现举手的只有自己一个人，才有点羞涩起来。

"好，诺贝尔，你说说看！"

"那和苹果从树上掉下来是一样的道理。"

他这种不同寻常的说明，使老师大吃了一惊。

"哦，那是什么缘故呢？"

"从前，有一位叫牛顿的大学者，一天，当他正在苹果树下坐着的时候，从树上掉下来一个苹果，正好打在了他的头上。当时，他觉得很疼，便思索着为什么苹果会掉下来。结果，他想到了地球有引力的道理。"

"嗯，你非常聪明，能够想到这些。"

"这是我在哥哥的画册里读到的。"

"嗯，那么，有引力就怎么样呢？"

"因为，地球有引力，无论什么东西都会从高处向低处移动。苹果从树上掉下来，河水从山上向海里流下去，这都是因为引力的关系。"

"呀!"老师惊异地听着诺贝尔的说明，几乎忘记了夸奖他。

学期终了时，哥哥罗伯特气喘吁吁地跑了回来说：

"不得了，妈妈，真不得了啊!"

"怎么了？罗伯特。"

"妈妈，阿尔弗雷德……"

"阿尔弗雷德怎么了？"

母亲的脸色都变了。

"阿尔弗雷德得了优等奖，在班上的成绩第一名呢。"

"哦，阿尔弗雷德的成绩……"

母亲的眼里充满了喜悦的泪珠。身体孱弱的诺贝尔，考试的成绩居然荣获第一。母亲以为，这样才对得起他在俄国的父亲。

可是，诺贝尔仍然是一个孤独的少年。

他没有朋友。只要一有空闲，他便开始读书。或者，他就干脆独自一人坐在树荫下静思默想。

正是他的这些性格特点，使他后来成为了非常有成就的人。他有着非常广博的知识，并且掌握了几种语言。

但是，诺贝尔在这个学校里只上了两个学期的课程。

第一学期的成绩报告单表明，他的智力得 A，全年级 82 人中仅有三人得到了同样的分数，他的勤勉和操行也得了 A。而在第二学期，他的智力和勤勉仍为 A，不过操行得 B，可能由于他在课堂上私语或迟到的原因。哥哥路德维希的智力、勤勉和操行只得了 B。

诺贝尔取得好成绩，也是得益于从小父亲对他的早期教育。

有一天，诺贝尔看见父亲带回家一堆小瓷片，就是那种装修浴室用的各种颜色的玩意儿。伊曼纽尔把它叠垒起来，弄得像多米诺骨牌似的，然后让诺贝尔把它推倒。

诺贝尔推动一边，"哗啦"一下，它们就全倒了。过了一会儿，伊曼纽尔又帮着把小瓷片重新堆起来。这次他让诺贝尔变出些复杂点儿的花样：两白一蓝，两蓝一白。

诺贝尔的母亲罗琳娜忍不住对丈夫说：

"唉，你让巴涅随便玩不就是了？他爱在哪儿加个蓝，就让他加好了。"

父亲回答道："这不行。我正教他什么是序列，并告诉他这是多么有趣呢！这是数学的第一步。"

诺贝尔家里有一套《大英百科全书》，父亲常让诺贝尔坐在他的膝上，给他读里边的章节。

有一次读到恐龙，书里说，"恐龙的身高有 25 米，头有 6 米宽"。随后父亲对诺贝尔说：

"呀！让我们想一下这是什么意思。也就是说，要是恐龙站在门前的院子里，那么它的身高足以使它的脑袋够着咱们这两层楼的窗户，可它的脑袋却伸不进窗户，因为它比窗户还宽呢！"

小诺贝尔难以想象，这世界上居然还有这么大的动物，而且居然由于无人知晓的原因而灭绝了。他觉得这一切新奇极了，这简直令他太兴奋了。他从父亲那儿知道，任何东西，都要琢磨出它们究竟在讲什么，实际意义是什么。

诺贝尔从小体弱多病，但意志坚强，不甘落后。他的父亲喜欢化学实验，常常讲科学家的故事给诺贝尔听，鼓励他长大做一个有用的人。

有一次，诺贝尔看见父亲在研制炸药。父亲的锤子落在铁砧上，受捶的硝化甘油立即发生爆炸。诺贝尔被这奇妙的现象迷住了，他睁大圆溜溜的眼睛问：

"爸爸，炸药伤人，是可怕的东西，你为什么要制造它呢？"

爸爸回答说：

"炸药可以开矿、筑路，许多地方需要它呢！"

诺贝尔似懂非懂地点点头说：

"那我长大以后也做炸药。"

诺贝尔刚上学就能取得好成绩，一方面是母亲对他的精心呵护，使身体孱弱的小诺贝尔能上学读书，更主要的是诺贝尔的父亲伊曼纽尔从小对他的言传身教。

在学校里，诺贝尔由于身体的原因，他几乎没有伙伴，大部分的时间都待在家里读书写作，或是一个人到田野、丘陵、河边去，在大自然中寻求属于他的童年。

孤独的环境，培养了他独自观察自然的爱好，使他从中体验到无穷的乐趣。用他的话来说就是："我在少年时代研究了自然这个最好的教科书。"

学习领悟能力让人吃惊

1842 年春天，伊曼纽尔的来信让罗琳娜母子看到了希望。

伊曼纽尔在信上说：有一位俄国将军伊盖尔夫，本人又是一个军火专家，对他的水雷和地雷研究极为重视，答应为他取得国防部的邀请，让他在圣彼得堡为一个专家组成的委员会做一次有关他的地雷和水雷的全面实验，并考虑以后可以与他合作建厂，进行军火研制和生产。

不久之后，伊曼纽尔的另一封信更让罗琳娜母子欣喜若狂，因为全家人很快就可以在圣彼得堡相聚了。

信上说：他已经进行了一次地雷和水雷演习，许多高级军事专家都出席了，迈克尔公爵也亲临现场，试验获得了巨大成功。一连串的地雷同时爆炸，摧毁了一片广袤的地区，假若敌军一个先遣纵队来犯，一次至少可以炸死 50 人。

因此，伊盖尔夫将军已向俄国国防部部长报告，要求政府接受他的设计，并付给伊曼纽尔 4 万卢布的报酬。

伊盖尔夫将军还特别指出，不仅伊曼纽尔用于设计和制造地雷所花的时间和精力应得到报酬，对他在试验过程中所冒的生命危险也应给予奖金。

伊曼纽尔在来信中还告诉罗琳娜母子，他建成一座小军火工厂，由于是和伊盖尔夫合伙经营，因此，已接到俄国陆军部许多订单。

此外自己已买下一幢房子，房子宽敞明亮，还带有花园。

伊曼纽尔在信中兴奋地说：

5 年了，多么难熬的 5 年，我拼命工作，盼望着我们团圆的一天，这理想马上就能实现了，我有了自己的工厂。

孩子们，你们为我高兴吧！我等着在圣彼得堡拥抱你们。

伊曼纽尔随信一起还寄来了很多钱，足够罗琳娜母子的路费。

1842 年 10 月 21 日，罗琳娜和路德维希、诺贝尔得到护照。第二天，他们乘坐一艘轮船前往圣彼得堡。而在此之前，具有冒险精神的罗伯特一心想和父亲早日见面，已在一艘货轮上当了一名机修工助手，在克隆斯达特港登陆独自去了圣彼得堡。

10 月末的一天，罗琳娜母子乘坐的轮船在圣彼得堡外的克隆斯达特港靠岸，伊曼纽尔的马车早已等候在码头上。罗琳娜母子乘上伊曼纽尔的马车，直奔他们在涅夫斯基大道的新家。

马车走得不快不慢，这样他们就有更多的时间欣赏周围的一切。这儿是比斯德哥尔摩要大好几倍的一个大城市，有几座尖屋顶、高钟楼的大教堂。过了石造的大桥，沿途是有苍翠树木的大公馆街，人来人往的热闹商业区。

"啊！十字路。"

"咦！有那么大的狗！"

孩子们觉得所见所闻都很新奇，坐在马车里，忍不住大叫起来。母亲罗琳娜微笑着，过一会儿看看孩子，再过一会儿看看马车夫和丈夫。

不久，马车走到了大门前，停下了。

"看！孩子们，到家了。"伊曼纽尔宣布。

"这是咱们的家？这座小楼全是咱们的？"孩子们简直不敢相信。在斯德哥尔摩，全家挤在公寓楼背面的两间房里，而现在，这一幢小楼全是自己一家的了。

这是一座漂亮的花园住宅，铁栏杆大门里面是一座大庭院，庭院中树木成荫，池塘里游着鱼儿。庭院深处便是二层楼的庄园式住宅，十分壮观，而且有些近乎豪华。

此外，家里还雇有仆人。在斯德哥尔摩那狭小破旧的家中，肩擦着肩长大的诺贝尔兄弟惊喜地望着新家，罗琳娜也如置身梦境。

诺贝尔兄弟三人到圣彼得堡时还都在上学的年龄，诺贝尔只有9岁，路德维希只有10岁，罗伯特只有13岁。圣彼得堡没有瑞典人开办的学校，即使进了当地的正规学校，诺贝尔兄弟三人又听不懂俄语，开始不免有语言上的困难。

在当时俄国有这样的风气：有钱人家的孩子都不用去上学，而是跟着家庭教师学习。值得庆幸的是，伊曼纽尔在经济上已经充裕起来，所以能够为孩子聘请瑞典或俄国优秀学者做家庭教师。

于是，伊曼纽尔决定首先聘请一位瑞典籍的家庭教师，教他们俄文，同时也教一些历史知识。

虽然说圣彼得堡的气候不比斯德哥尔摩更为恶劣，但诺贝尔受不了这座陌生城市的气候，除了胃病和容易感冒以外，又添了脊柱方面的毛病。

医生让伊曼纽尔夫妇放心，说脊柱方面的毛病会逐渐好起来，并建议让诺贝尔躺着，能坚持多久就躺多久，因为诺贝尔脊柱方面的毛病，需要经常躺在床上。

为了不让阿尔弗雷德的学习落后，父亲干脆把罗伯特、路德维希都叫到阿尔弗雷德的房间里来上课，"病室"也就成了教室。

上课的难题解决了，老师还有一个担心：阿尔弗雷德年龄小，身体又不好，能跟上哥哥们的进度吗？然而不久，老师发现，这种考虑是多余的。阿尔弗雷德的语言天赋很高，不仅跟上了进度，甚至学得比哥哥们还要好一些呢。几个月下来，孩子们已经能流利地说俄语了。

　　罗伯特、路德维希虽然不放松学习，但是他们两个仍想着到处玩。而阿尔弗雷德由于身体的原因，只能待在家里，可他没闲着，总是用功学习。在掌握了俄语后，又要求老师教他学习法语、英语、德语。

　　当母亲推开阿尔弗雷德的房门时，阿尔弗雷德并不知道母亲进来，只是专心地埋头于一大堆书籍里，不停地写呀、翻呀。他把法国大启蒙思想家伏尔泰的著作译成瑞典文，然后，再把瑞典文译成法文。"这样可以发现我对法文的理解有哪些不足与错误，能提高我的法文水平。还可以帮助我理解伏尔泰的观点。"母亲听到他这样说，高兴地笑了。

　　3个孩子的俄文都学成后，开始让他们学习科学方面的知识，这是培养他们成为技术专家的必备基础。这次伊曼纽尔请来了俄国化学家齐宁教授当老师。

　　尼古拉·齐宁教授是著名的化学家，俄国有机化学的奠基人。也就是齐宁教授向他们父子介绍硝化甘油爆炸性能的。

　　齐宁教授也同样有着担心，年龄较小的阿尔弗雷德能和哥哥学习一样的知识吗？很快，他也发现这个担心是没有必要的。阿尔弗雷德的理解力很强，学习也很勤奋，学习俄语比哥哥进步还要快，完全超过了哥哥，就连父亲的口语能力也赶不上他了。

　　3个孩子的学习都很好，这让齐宁教授感到很高兴。

　　性格内向的阿尔弗雷德从小爱沉思、好幻想，现在，科学把大自然的世界一层层地剥开，展示出一幅幅奇妙景象和一个个神秘关系。他的心中萌发了一个念头：我应该投身于研究物质世界的工作中，去发现自然的奥秘，创造新东西，为人类服务。然而，他的这些想法随着自己的爱好而发生变化。

　　后来，三兄弟都成为出类拔萃的人才，其中一个原因，不能不说是这位教师给他们打下了牢固的知识基础，使他们能够在不同的领域

里发挥自己的专长。

尤其是他对诺贝尔在化学启蒙教育上所起的重要作用，显然是不能低估的。

诺贝尔除在语言学和化学方面显示了非凡的才能之外，他还非常爱好文学，读了不少文学名著，他学习外语常常废寝忘食。

1868 年，诺贝尔用英文将自己的诗《谜》抄赠一位英国的老牧师。这位老牧师读了以后，竟以为是英国人的作品，并做出了以下评价："我曾竭力搜求文法上的错误和谬误的成语，却是这样的少。在全篇 425 行诗句中，平凡的诗句，仅有 6 行。"

在俄语教师的指导下，诺贝尔熟悉了欧洲启蒙运动时代的哲学家并爱上了雪莱的诗歌。

这位英国浪漫主义诗人的叛逆精神，他对暴政、对愚昧无知、对一切卑鄙的情欲的强烈抗议，成为终生鼓舞诺贝尔的力量。在那时他倾慕雪莱，并由此爱上了诗歌创作，开始做起"雪莱梦"，希望自己也能成为像雪莱那样的诗人。

这几年，通过对知识的探求，对生活的观察，对人生、情感、社会、自然的不断思考，阿尔弗雷德已成为一个体弱但却聪明、内向、早熟、富于想象力的少年。

学习之余到父亲工厂实习

父亲的工厂和诺贝尔家的住宅之间隔着一条很宽的河，诺贝尔和两个哥哥对父亲的工厂和那里的工作极感兴趣。三人每天做完功课后几乎都要一块儿到工厂去。

在工厂里，有许多满身是汗的工人正忙着制造机器。台子上大大小小的箱子里，装满了刚刚做好的各种零件。

手巧的路德维希，一早就开始仿效其他工人，独自一个人用心地摆弄着机器。沉默寡言的阿尔弗雷德，则是站在一旁静静看着哥哥的动作。

这时，穿着工作服的父亲来了。

"哦，你们都来了，阿尔弗雷德。"父亲指着不规则的铁块说，"这是什么，知道吗？"

"不知道。"

"这是爸爸最近发明的水雷。"

年纪幼小的阿尔弗雷德并不懂父亲的意思，"水……雷……？"

"嗯，把大浮标接到水雷上，放到水里，如果经过的船舶碰到了它，就会马上引起很大的爆炸。"

"哇，那一定很危险了！"阿尔弗雷德很吃惊地说。

"是呀，很危险！就在前几天，做实验时，炸起了惊人的水花儿，周围的木材也都被炸得粉碎。"

父亲对这水雷的发明，好像比较得意。

"爸爸，为什么要造这种伤人的东西？"

"这是战争的需要，为防守港口或水路用的。如果把水雷放在海

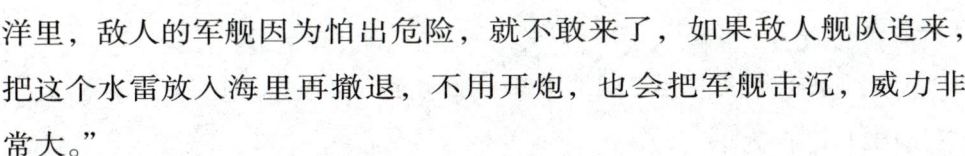

洋里，敌人的军舰因为怕出危险，就不敢来了，如果敌人舰队追来，把这个水雷放入海里再撤退，不用开炮，也会把军舰击沉，威力非常大。"

可是，阿尔弗雷德听了爸爸的讲解之后，心里并不是十分的佩服，只是应和了一声，随后就一个人走开了，去看哥哥们玩弄其他的机器。

诺贝尔对这些机器非常好奇，对它们总是用心揣摩，研究机器的构造，有时达到了痴迷的程度。但令他觉得最有趣的是装入地雷或水雷中的火药。

只要有空，伊曼纽尔便带着3个孩子在工厂中到处转，把机械的构造原理讲给他们听，有时让他们实际操作一下，伊曼纽尔尽心尽力把自己的经验和知识传授给孩子们。他不仅是孩子们的父亲，也是一位好老师。

少年时代的诺贝尔和父亲接触十分密切，诺贝尔在工厂里给父亲当助手的时候，通过一段时间的观察，受到了父亲那种突出的发明精神的影响，并且将这种影响发展到更加广阔的地步，大量的家庭通信及阿尔弗雷德写的那首诗，给这位体质虚弱的年轻人勾画了一幅画像：

由于勤奋学习与渴求知识，凡是经他耳闻目睹的那些重要学问，通通都被他吸收了进去。生活本身变成了他的大学，父亲丰富的想象力对他影响巨大。

诺贝尔曾经这样说过，尽管生活无疑是很艰难与忧虑的，但我把它看成是一份珍奇的礼物，是大自然这位母亲亲手赋予我的一颗宝石，让我自己来磨炼它，直到这颗宝石用它的光泽来奖赏我的辛勤劳动。

父亲也说："我的好学而勤奋的诺贝尔，受到父母的器重和兄弟们的高度尊敬，这是因为他有着无与伦比的学识和不屈不挠的工作精神。"

诺贝尔家庭学校从 1843 年起一直办到 1850 年。1850 年,诺贝尔三兄弟结束了学业。

这时父亲的企业又扩大了,当时的俄国在军事工业方面很落后,而军队又急需现代化的武器装备,大批国家订货使他们的工厂生意兴隆。

伊曼纽尔设法生产了大量军用材料,还从瑞典招来了一些工头从事生产。俄国第一条铁路使用的铁器制品,俄国军舰所用的大炮和蒸汽机等,都是由这家企业制造的。

几艘于 19 世纪 50 年代建造的军舰,在第一次世界大战中仍然服役,这表明这家工厂的产品质量是高超的。

伊曼纽尔于 1853 年曾被授予帝国金质奖章,以表彰他在俄国工业中的"勤奋和技艺",这对一个外国人来说是一种罕见的荣誉。

满怀信心赴海外留学

结束了家庭补习教育后，罗伯特和路德维希都到父亲的工厂里实习了。

罗伯特主要负责公司有关业务方面的工作，路德维希则主要负责工厂技术方面的事情。

正像父亲所预料的那样，他们两个表现得都很出色，成了父亲的好帮手。

这一年罗伯特才 20 岁，路德维希 18 岁。而阿尔弗雷德也已经 17 岁了，看到两个哥哥表现得非常好，阿尔弗雷德也想做点什么了。

有一天，伊曼纽尔把全家人叫过来，宣布说：

"我想让阿尔弗雷德出国跑一圈。一则让他在学习上深造，到纽约艾里克逊船长那里学习技术，再到巴黎的一些实验室工作一段；二则也为厂里收集一些技术资料、购置仪器设备。他掌握了几门语言，可以胜任这个工作。"

阿尔弗雷德听了父亲的话，不禁大为欢喜。在圣彼得堡这个欧洲文化的边缘待着，科学、文化、思想都较为闭塞、落后。这沉闷的环境早就憋得他想出去，到外面的世界开开眼界、呼吸新鲜空气了。

妈妈担心地说：

"阿尔弗雷德从小身体虚弱，又没有离开过家，独自出去生活，而且是去很远的美国。这能行吗？我不放心他去。"

"没关系的，妈妈，您放心吧，我会照顾好自己的，您不要担心！"

阿尔弗雷德满怀信心地说。

"是啊！我们的孩子都已经17岁了，他不是小孩子了，你要是真为了儿子好，就应该让他经常外出，锻炼一下才能长见识，况且我在美国有一个朋友，叫艾里克逊，儿子可以跟他学习新技术；他是一位活跃的发明家，肯定没问题，放心好了。"

听了丈夫的话，虽然她知道，一切都是为了儿子的前途着想，但阿尔弗雷德的母亲还是不放心儿子一个人到海外去闯荡。

因为从小到大，阿尔弗雷德一直在母亲的关怀和呵护下生活，他也确实没有离开过母亲。然而，这次他突然要去海外，这怎能不让母亲为之担忧呢。

此时，母亲怎么能舍得儿子离开自己，孤身一人外出呢？想到儿子就要起程了，母亲不由得流下了伤心的泪水。

而父亲，他其实也是不忍心送儿子去那么遥远的地方的，何况此次出行，结果如何仍是个未知数。

但是，他考虑到为了儿子以后的长远发展，他觉得应该让儿子到外面的世界去增长才智。因为他太了解儿子了，他知道儿子是个聪明勤奋的孩子，而且更有力求上进的精神，他的才智是任何人都不能与之相比的，他在心底坚信儿子将来一定会有发展。

1850年，在父母的安排下，阿尔弗雷德首先来到了美国。

阿尔弗雷德到了纽约后，先去拜访了艾里克逊船长。艾里克逊船长是个瑞典人，与伊曼纽尔是朋友，他因首先设计了螺旋桨推进器而闻名。

他现在正在设计用蒸汽推动的铁甲舰。伊曼纽尔就是想让阿尔弗雷德学习制造蒸汽机和螺旋桨的技术。伊曼纽尔很清楚，俄国海军迟早要以蒸汽推动的军舰来代替多桅帆船的。

阿尔弗雷德向艾里克逊转交了父亲的信，并虚心地跟随他学习。

可阿尔弗雷德并没有在美国待很久。对这个怀着浪漫幻想的少年来说，刚刚开发的美洲对他吸引力不大，他更盼望早点回转欧洲，去

游历巴黎、罗马、维也纳这些文化、科技发达的名城。

他在学习和了解了一些蒸汽机和螺旋桨的技术后，又向艾里克逊船长订购了一批图纸和技术资料，然后就离开了纽约，前往巴黎。

在巴黎，阿尔弗雷德来到一些实验室学习。他之所以这样安排，为的是让自己掌握最新的化学方面的成果和实验手段。

巴黎这个闻名世界的文化之都，正向这个青年展现着无限的魅力。卢浮宫、塞纳河、巴黎圣母院，上层社会的沙龙，都散发着浓郁的历史与文化气息。这一切无疑都给了阿尔弗雷德以炫目的新奇感。

但同时，这一切也给这个孤独而内向的外乡游子一种难言的惆怅与恍惚的感觉。

是青春心绪的萌动，还是诗人情怀的流露？阿尔弗雷德也说不清。莫名的失落感时常笼罩在他的心头。

白天，阿尔弗雷德要去访问大学的研究室。他在那里参观各种实验，热心听取老师们的讲解。又学习了新的科学，他所有新奇的疑惑也便一一得到解答。

但是一到了晚上，他便把自己关在屋里，读他最喜爱的诗人雪莱的作品。有时，他还模仿雪莱诗的形式自己写起诗来。

著名诗人雪莱一向主张和平，但当阿尔弗雷德想到爸爸制造的武器，他内心便又重新开始矛盾起来。令他倍感困惑的是，自己将来究竟能不能为和平作点贡献。

他的内心是极度苦恼的，他不想再翻阅任何科学书籍了，而是一心想把时间和精力都花在读小说和诗歌作品上。他不知道自己将来"做个科学家好呢，还是做个文学家好"？

他又开始犹豫和困惑了，面对人生，自己到底该做怎样的选择？多少个漫漫长夜，他都这样徘徊着。

他时常仰望着茫茫夜空，感到天空的无边无际，而地上的自己又是多么的渺小，个人的悲哀又是多么的微弱。

他觉得应该以对自己生命负责的态度，仔细斟酌，重新规划人生。他觉得肩负起新的、更大的使命才不负人生。

人生短暂，只是自然的大海中的一朵浪花。自己应该也必须走向自然的大世界，操起科学的舟楫前行。

阿尔弗雷德对科学钻研越来越感兴趣，他终于下决心做个科学家。选定了科学工作者道路的阿尔弗雷德，满怀信心地回到了圣彼得堡。这时父亲的工厂改名为"诺贝尔父子机械铸造厂"。

全家人都为他的归来感到高兴。罗琳娜看着心爱的阿尔弗雷德的脸庞，虽然略显消瘦和疲劳，但却显出更加的坚定和成熟。她有些心疼，但两年来的思念之苦却一扫而光。

伊曼纽尔则兴致勃勃地听阿尔弗雷德讲述所学到的新知识和技术，如获至宝地浏览着他带回的图纸、资料。兄弟们也对他带来的关于西欧、美国的新鲜感受充满兴趣。

献身事业

　　金钱这种东西，只要能解决个人的生活就行，若是过多了，它会成为遏制人类才能的祸害。

———诺贝尔

显露出发明天赋

早在 1841 年，父亲伊曼纽尔把黑色火药装进铁球发明水雷时，在诺贝尔的心里，对父亲工厂里生产大量武器一直就持有怀疑、不解和反感的态度。

家族事业的发展似乎与诺贝尔的愿望正好是相背离的。有一次诺贝尔与父亲探讨起这个问题时，伊曼纽尔颇富哲理的观点帮助诺贝尔解除了困惑。

父亲这样说："武器可以制造和平！我们可以不制造武器，但不能阻止别的国家拥有武器，所以一旦战争发生，我们就无还手之力。

"武器并不是造成战争的直接原因啊！我们制造的武器如果非常强大，强大到只要一使用，就可以在最短的时间里毁灭敌我双方，这样也许就不会再发生战争了。"

父亲的观点，在很长时间内，对诺贝尔产生了影响。

1852 年，伊曼纽尔父子的水雷终于在圣彼得堡附近的奥契达河河口试验成功。但关于水雷管辖权的归属，海军、陆军展开了无休止的争执，问题被无限期地搁置起来。

1853 年，俄国和土耳其因"巴勒斯坦圣地"发生军事冲突，同年 10 月 4 日，土耳其对俄宣战。1854 年 3 月 28 日，英法对俄宣战。

这场战争的表面起因是宗教问题。俄国向奥斯曼帝国提出为保护奥斯曼帝国境内的东正教徒，在"圣地"建立俄国的保护地的要求，这个要求被君士坦丁堡的奥斯曼帝国苏丹拒绝。法国的天主教徒和英国的新教徒也反对俄国在巴勒斯坦建立据点的企图。俄国在苏丹拒绝后决定以此为借口，对奥斯曼帝国采取军事行动。

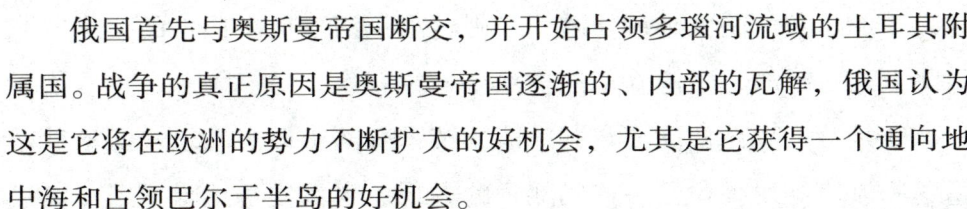

俄国首先与奥斯曼帝国断交，并开始占领多瑙河流域的土耳其附属国。战争的真正原因是奥斯曼帝国逐渐的、内部的瓦解，俄国认为这是它将在欧洲的势力不断扩大的好机会，尤其是它获得一个通向地中海和占领巴尔干半岛的好机会。

奥斯曼帝国在巴尔干半岛上的统治此时显然摇摇欲坠，而俄国则争取获得对恰纳卡莱海峡和伊斯坦布尔海峡的控制。英国和法国反对俄国的扩张，它们不希望俄国获得这些战略要地，以维持它们自己在东南欧的势力和利益。

战争主要在俄国南部的克里米亚半岛进行，因此，这场战争也称为克里米亚战争。英法联军包围了克里米亚半岛南端的港口塞瓦斯托博尔，这是控制黑海的要塞。俄国筑起一道工事保卫军港，战斗异常激烈，就连沙皇王宫所在的圣彼得堡也必须防备来自海上的攻击。

为了应付战事，俄国总参谋部想起了伊曼纽尔的水雷，授命他紧急制造水雷，尽快在海域设防，以抵御英国舰队。

这时，年仅21岁的诺贝尔按照父亲伊曼纽尔的设计，在芬兰湾港口与圣彼得堡的战略要地、结冰的克隆斯达特军港的入口布置了水雷。

英法联合舰队未敢冒险进入芬兰湾。联合舰队司令内皮尔对其海军部报告说："芬兰湾布满了恶魔的机械。"

没有敌船被这些水雷击沉或击毁是肯定的，尽管如此，水雷在当时对敌舰也确有一定的威慑作用。

一个英国水兵发现了一枚水雷，把它捞上来放置在旗舰"威灵顿公爵号"上，交给军火专家检查，在拆卸这枚水雷时，当场炸死了一名水手。

虽然破坏力并不是很大，但已经让人感到恐怖了。随即，河口又发生了另一事件。

有一艘俄国汽船不按领港员指示的路线行驶，结果因撞上一串封锁港口的水雷而受到重创。游弋在附近涅瓦河口斯韦伯格的英国舰队目睹到这一事故，由此确信这种水雷的确有效。

正是这一事件使停泊在芬兰湾的英国舰队未敢发动攻击。圣彼得堡这座城市和居民免受了一场战争的灾难。水雷成功地阻止了一场战争，诺贝尔全家都为之高兴、鼓舞。

由于水雷对港口确有一定防御作用，因此，俄国军方源源不断地向伊曼纽尔的工厂订货。

这一年，诺贝尔虽然在柏林还有几笔交易未了，但他决定在21岁生日那天回到家里。他在从柏林回家途中给舅舅的信中写道：

> 我最后希望我将很快结束这种流浪生活，开始较有活力的生活。确实到结束的时候了，因为，这样的生活不仅单调而且令人厌烦。我觉得我不能帮助父母和哥哥们，反成了他们的负担。
>
> 虽然现在我还不能如我希望的恢复健康，但我仍想在处理完柏林方面还未结束的业务后尽快回家。我的思家之情非言语可表达，我希望在本月21日回到家，这一天是我21岁的生日。

1856年，由于巴黎和约的签订，结束了这场战争。于是，这家雇佣1000多名工人从事大规模生产的模范工厂突然遭到了厄运。诺贝尔父子工厂迅速转向生产蒸汽机和螺旋桨推进器，将许多旧船改装成较现代的用蒸汽发动机推进的军舰。

由于俄国没有工厂，也没有专家，阿尔弗雷德在留学时学的技术可派上用场了。

父子几个人埋头研究、琢磨，夜以继日地工作。终于将第一台蒸汽发动机制造出来了。一年之内，他们一口气生产了3台500马力的蒸汽机，5 台 200 马力的螺旋桨推进器。用这些机器装配的军舰，一直用到第一次世界大战，足有 60 年。

后来，他们为航行于伏尔加河和里海的首批班轮设计生产了 20 台蒸汽机，从而又建立了一项开创性的功绩。但是，这家曾在俄国的工业化和国防中起过巨大作用的企业，当时已经到了难以维持的地步。

因此，精通外语的阿尔弗雷德在 1858 年被派到伦敦和巴黎，去见那些可能愿意提供贷款的银行家，但不幸的是，他空手而归。

在那些对一个外国人毫不同情的债主的摆布下，伊曼纽尔只好再次宣告破产。

1859 年他回到瑞典时，同 22 年前他刚到俄国时一样穷。同他一起回国的有他的妻子罗琳娜，和他们在俄国生的 3 个孩子中唯一活着的那个最小的儿子。

熟悉工厂事务的 3 个大儿子都留在了圣彼得堡，试图尽量挽回一点局面。

此后几年，当罗伯特和路德维希致力于把企业的财务情况搞好的时候，阿尔费雷德似乎被那些机械和化学实验吸引住了；这些实验是他过去进行过的，但由于生病和为他父亲奔走而几度中断。

现在，他重新开始了这种实验工作，并在技术上陆续发明了气量表、流体计测器和气压计，并获得了专利证。虽然这几项发明在当时并未产生广泛的影响，但确实已显露出诺贝尔的发明天赋。此后，诺贝尔就投身于炸药的研制，并为此贡献了自己的一生。

初次接触硝化甘油

当诺贝尔父子把全部精力都投入到蒸汽机的制造时，家里突然来了两个客人。一个就是阿尔弗雷德三兄弟的老师化学家尼古拉·齐宁教授，另一个是药物学家尤力·德拉普教授。

"祝贺你们水雷的成功！"齐宁教授说。然后，他话锋一转："遗憾的是它的威力太有限，这样的威力还不足以达到炸穿铁甲舰甲板的程度。"

"是啊，"伊曼纽尔非常赞同地接着说道，"我也正为这件事情苦恼呢。黑火药的爆炸力还是太小，我真的希望能够找到威力比它更大的爆炸剂。这不仅仅在军事上，在开矿、交通等方面也是极为需要的。"

齐宁教授会心地一笑："我正好给你带来了你想要的东西。"说着，拿出一个小瓶，里面是淡黄色的浓稠液体。

"真的！"伊曼纽尔惊喜地睁大了眼睛。这时，站在一边的阿尔弗雷德突然插话问道："我知道，这是硝化甘油吧？"

齐宁教授颇为诧异："你怎么知道？"

阿尔弗雷德说："哦，我不太了解，只是在巴黎听说过这个东西而已。"

齐宁教授从中取出一滴来，放在一张锡片上："来，让我们试验一下它的力量吧。"然后，放在酒精灯上加热。

"嘭"的一声，居然燃烧起一团烈火。

齐宁教授又取出一滴硝化甘油来，把它放在一块金属上，并且拿起一把小铁锤："注意！"然后，砸了下去。"啪！"发出了很响亮的爆炸声。

小小的一滴硝化甘油，就有这么大威力！伊曼纽尔和阿尔弗雷德都大为惊讶，也深感欢喜。

齐宁教授接着向他们详细地介绍了有关硝化甘油的情况：硝化甘油是意大利化学家阿斯卡尼奥·索布雷罗在 1840 年发现的。齐宁教授用两份浓硫酸和一份浓硝酸混合在一起，再按照一定的操作要求加入一些甘油，这样就得到了硝化甘油。这种东西有着强烈的易燃易爆的特性。在火上缓缓加热的时候，它会急速分解并且着火。而硝化甘油在另一些情况下，比如，封闭情况下加热，或快速地加热，则会发生强烈的爆炸。

有一次，大约有 2 克硝化甘油凝结在一只玻璃碗底部。把这只玻璃碗放在酒精灯上进行加热，加热之后发生了爆炸，碗居然被炸得粉碎。

还有一次，索布雷罗将一滴硝化甘油滴入试管内加热，也发生了强烈爆炸，玻璃碎片嵌入他的脸和手中，连实验室的其他人员也被炸伤。

鉴于硝化甘油难以控制的易爆性，索布雷罗只好暂时放弃研究，声明其用途尚不可定，连其成分也不能确定，只能由未来的实验继续探索了。

听了介绍，伊曼纽尔仔细地打量起眼前这玻璃瓶里面神奇的东西，他简直对这东西有些爱不释手了。这不正是他多年来所企求的新型爆炸剂吗？

齐宁教授又补充道："麻烦和困难是，虽然它极易引起燃烧和爆炸，可当我们像引爆黑火药那样，将导火索插入一定量的硝化甘油中时，却又并不能引起我们所希望的爆炸。所以说，它完全是个任性的、不驯服的、狂烈的，但又很有用的家伙。需要做的，正是弄清和了解它的性质，并找到办法来安全、有效地引爆它，使它能为我们服务。"

阿尔弗雷德也被这神奇的东西迷住了。掌握物质的性质,巧妙地改造和控制它们,用来造福于人类,正是他所追求的。硝化甘油不正是一个有待征服的极好对象吗?

临走时,齐宁教授留下这小瓶硝化甘油:"就给你们研究用吧。不过,千万要谨慎,注意安全!"

伊曼纽尔和阿尔弗雷德都开始收集有关硝化甘油的研究资料,并做了一些实验。但是,当时的局势不允许他们深入地研究,只好暂时搁下了。

诺贝尔工厂生产的蒸汽发动机如此成功,使军方对他们寄予了极大的信任。第一批任务完成后,又有 100 多艘炮艇、军舰的发动机的制造、改装等着他们去做呢,源源不断地生产都供不应求,哪还有时间去研究眼下根本用不上的硝化甘油呢?

专心研制硝化甘油

19世纪60年代，欧洲在物理学、化学和机械学领域有了长足进展，工业、建筑业和运输业都出现了飞速发展的迹象，但技术的发展速度却相对缓慢。

由于对煤炭和原料的需求增加，迫切需要用更为有效的办法来开采，世界各地的大型工程项目也急需以更好的技术手段来施工。

伊曼纽尔·诺贝尔曾多年从事火药的试验，这时，他很自然地立刻转向试图发现一种比普通黑色炸药更有威力的炸药的研究。

那种黑色炸药，是1000多年前由中国人发明的，以硝石、硫黄、木炭等物配制，主要成分是硝酸钾、硫、碳。

大约500年前，黑炸药传到了西方，很快被用于制作枪弹，为轰开封建诸侯的封闭城堡立下了汗马功劳。随后，黑炸药又被运用于矿山的开采爆破，对欧洲的煤炭、铁矿业发展也起到了推动作用。

要知道，没有炸药的帮忙，修路、挖河、开矿都是令人生畏的艰苦工程。古罗马开挖一条5公里长的运河，3万人干了11年；15世纪，开凿一个8公里长的隧道也要150年。

面对不断增加的对煤炭、铁矿石的需要，面对大批修路、开凿隧道的工程，黑炸药已愈来愈显得威力不足了，已不适应社会的需求，人们试图发现一种比黑色炸药更有威力的炸药。伊曼纽尔曾多年从事火药的试验，这时，他的注意力自然转向了这一领域。

1855年，伊曼纽尔和诺贝尔受到启发，开始去注意那种异常猛烈的炸药物质硝化甘油，认为它可能成为引爆的材料。诺贝尔后来关于爆炸物的所有重要发明，都是以这一物质为基础的，对它的研究成为他生活道路上意义重大的里程碑。

硝化甘油的发现，是在多位科学家不懈研究的基础上获得的结果，意大利人阿斯卡尼奥·索布雷罗最终发现了它，把它称为"爆炸甘油"。

开始的时候，硝化甘油曾引起科学家们的注意，但却从未得到任何实际应用。这主要是因为它具有猛烈的爆炸性，因而在生产和处理过程中都有危险，同时也由于没有可控制的引爆方法。

现在已回到瑞典的伊曼纽尔，曾在斯德哥尔摩郊外旧区赫勒内堡的家里建立了一个小实验室。然而，他那不稳定的经济情况，使他不可能进行大规模的试验。

1861年2月，在圣彼得堡久病初愈的诺贝尔收到父亲的来信。这封信似乎是祝贺，但更像是挑战：

亲爱的诺贝尔，我和你妈妈一直祝福你身体早日康复，想必我们的儿子已经如我们所愿。我现在正着手进行齐宁教授所说的硝化甘油的研究，你那边的工作进展如何？这件事比预料中的要难许多，但我相信自己能找出一个正确的答案，我相信你也会成功。

性格内向的诺贝尔喜欢默默无闻地工作。收到伊曼纽尔的信后，他暗暗下定决心，一定要把在病床上耽误的时间抢回来，早日把研究硝化甘油爆炸的试验做成功。

诺贝尔仔细研究了早先公开的各种研究报告，根据首次发现者阿斯卡尼奥·索布雷罗的说法，可以做一条含有黑色火药的线芯作为导火线，它有一定长度，把它点燃后，人即跑到安全的地方，导火索就能引爆硝化甘油。

于是诺贝尔开始实验，他将做好的一根长长的导火线的一端插入装有硝化甘油的小容器里，又小心翼翼地从远处在导火线的另一端点火。结果硝化甘油并没有爆炸，导火线在产生一些小小的火星后熄灭了，只在插导火线的小孔里喷出了一点硝化甘油。

此后多次试验也以失败告终，诺贝尔重新研究索布雷罗的实验结果："把硝化甘油置于盘中，再由底部加热，能够产生爆炸。"

诺贝尔把这句话和以前齐宁教授所做的小实验联系起来以后，得出这样一个结论：必须让全部硝化甘油同时加热或同时受到敲击才会发生爆炸。

要使少量硝化甘油做到这一点很容易，但在爆破岩石或水雷的情形下要使大量的硝化甘油都受到加热或敲击就实在太困难了。面对这一难题，诺贝尔很长时间都未能找到解决方法。

后来，回到瑞典的父亲给诺贝尔来了一封信。在信中伊曼纽尔叫儿子们去拜访托特勒本将军，说服他对新型炸药发生兴趣。

诺贝尔不忍心违背老人的意愿，只好请求将军接见。但诺贝尔担心父亲又犯了把自己的想象当作现实的错误，至少老人有些言过其实。

诺贝尔绝不想让将军失望，况且父亲热衷之事，对诺贝尔家族又是一个大好机会。因此，他开始苦思冥想，设法找出引爆硝化甘油的方法。在接下来的几个星期里，他在实验室里闭门不出，专心进行研究和实验。

不久，诺贝尔在路德维希的工厂里选了一条水沟进行试验。两个哥哥在一旁观看。他先将硝化甘油注入一玻璃管中，塞紧后放置在一个装满黑色火药的金属管中，将金属管的两端塞紧，插入一根导火线。他点燃导火线后将整个装置掷进水里，结果发生了剧烈爆炸，水花四溅。

诺贝尔认为实验并没有完善，还要继续研究。因为他所用的引爆火药太多，无法在实际工程中推广应用，这是一次用较多火药引爆较少硝化甘油的试验，但它第一次证实了引爆硝化甘油的原理。

1862年，他运用索布雷罗那种比较稳妥的办法，第一次对这种生产硝化甘油的比较简单的方法，在这里进行了工厂规模的试产。

通过将10%的硝化甘油加到黑色炸药里，他造出一种"强化炸药"，使用点火装置，可以不时将它引爆。他认为这种"强化炸药"，对于火器和岩石爆炸来说，都是最好的了。

尽管他在这方面很有经验，并且是一个无所畏惧和精神饱满的人，但他并没有受过真正的科学训练，他想使爆炸纳入控制的努力，并没有取得成功。

与此同时，他的家庭和邻居，却都犹如生活在火山口上。

伊曼纽尔60岁时回到了瑞典，然而这位不屈不挠的发明家却壮心不已，他决定让儿子诺贝尔继续他的实验。

当时的瑞典正忙于修铁路、开矿山，急需更猛烈的炸药。伊曼纽尔面对这个潜在的大市场，又想起了他的火药，决定重操旧业，研究可以提高爆破力的新式炸药。

伊曼纽尔几次三番催诺贝尔回瑞典试验，加上路德维希的劝说，最后他只好动身回到斯德哥尔摩，他对父亲发明的新型炸药充满了期待：父亲发明的炸药威力到底有多大呢？伊曼纽尔夫妇住在一所平房里，这里离他们赴俄国之前的住所不远。伊曼纽尔的工作室既当实验室，又当办公室，到处是椅子、小桌子、试管和纸张。

伊曼纽尔的精力和体力已彻底恢复了，诺贝尔看到这些，感到放心了。谈起研究的事情，父亲仍然充满自信和热情，很有朝气。

母亲罗琳娜看到分别很久的诺贝尔健康地回来了，总算松了口气。当母亲又瘦又长的手轻轻地抚摸着他时，诺贝尔感到十分温暖和安心。

伊曼纽尔研制的炸药没有取得预期的效果，并不像他说的比黑色火药威力强20倍。按当时的性能来说，无法向俄国军队推销。

千里迢迢返回离别许久的故乡，只待了数日之后，诺贝尔就急着

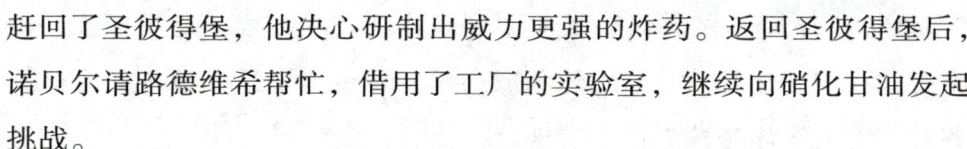

赶回了圣彼得堡，他决心研制出威力更强的炸药。返回圣彼得堡后，诺贝尔请路德维希帮忙，借用了工厂的实验室，继续向硝化甘油发起挑战。

但是，经济的窘迫，使他不可能进行大规模的试验。直到1861年，诺贝尔到巴黎的佩雷拉现金信贷银行进行试探，取得了10万法郎的贷款之后，情况才有所好转。

此时，诺贝尔的研究主要抓住两个问题：为爆炸甘油发现一种相宜的控制爆炸方法；以及在不大量损失其爆炸力的情况下，将爆炸甘油变成一种尽可能安全的形式。

诺贝尔锲而不舍，重新检查自己的思路和方法。并在一小罐黑火药中放入一小管硝化甘油。黑火药爆炸时，使里面的硝化甘油也同时发生爆炸，从而使爆炸力提高。所以，这种办法虽然比父亲的混合法的爆炸效果要可靠，不会发生失效问题，但是，这只是一种黑火药的改进型和增强型。这还不能说是真正的硝化甘油炸药，硝化甘油的巨大威力发挥得太小了。

怎样才能制出一种真正的硝化甘油炸药呢？这时，诺贝尔的头脑里突然产生了一个突破性的想法：在硝化甘油里放入一管黑火药！用导火索先引爆里面这一管黑火药，待黑火药爆炸后，就可以产生一个很强的急速、全面的加热，这整罐的硝化甘油不就可能被引爆了吗？

诺贝尔经过多次试验，终于成功了，并制成了新的炸药。后来，诺贝尔又经过50多次准确的试验后，终于完成了他第一项划时代的发明"诺贝尔专利雷管"。

这种雷管将流体的硝化甘油炸药装在一个金属管或其他密封的筒状物里，里面放进一个装着普通火药的小木管，从小木管的盖子上塞进一条导火线。用小木管里火药的爆炸给硝化甘油炸药点火。

1865年，为了提高效能，诺贝尔又改动了雷管的装置方法，将原来的小木管换成一个装着起爆水银的金属管。通过这种所谓爆炸管的发明，"原始点火原理"被应用到爆炸物技术方面，这个原理，使得有效利用硝化甘油、烈性炸药成为可能，也正是这个原理，为研究各种炸药的爆炸特性提供了方便。

一位著名的化学家说："这是自发现黑火药后，炸药界里最大的一次革命。有了这种装有引爆剂的雷管，硝化甘油、火药棉和别的炸药的巨大威力便被人类控制在手中，人们可以根据自己的意愿随意地释放它们的爆炸力。而如果没有这项发明，这些威力巨大的炸药就不能被我们利用。可幸运的是，我们拥有了这些威力巨大的炸药，这全要归功于诺贝尔的这项发明。"

对人类，这是一项历史性的发明。它使人类改造自然的能力大大提高，促进了工业革命的发展。直到 20 世纪，一些著名的科学家，仍然把诺贝尔的这项发明，说成是"自从发明火药以来，在爆炸物科学方面最伟大的进展"。

诺贝尔后来最亲密的合作者拉哥那·索尔曼曾说："人们一般认为阿尔弗雷德·诺贝尔主要是黄色炸药的发明者。但实际上，从纯粹的发明角度及技术的重要性来看，他所发明的爆炸管和炸药的原始引爆装置，应该远远放在黄色炸药的前面。"

在最近的 1955 年，迈尔斯在《帝国化学公司诺贝尔部的研究历史》一文中写道："通过对起爆冲击波性质的清楚认识，从而运用雷管作为炸药的引爆手段，这在炸药的原理和应用方面，当然是一项前所未有的最伟大的发现。整个现代爆炸实践，都是建立在这一基础上的。"

诺贝尔在完成了几项伟大发明之后，他曾说过："硝化甘油的真正纪元，是从 1864 年开始的。当年，一管纯硝化甘油，头一次被一个装着火药的分管引起了爆炸。"

得到贷款初建工厂

"各位先生，我这里有一种能够炸破地球的异常强烈的油。"

在巴黎的银行俱乐部，有个人一面说着这样的豪言壮语，一面把一个药瓶子搁在桌子上，这是一个身体消瘦，看来有点神经质的青年，他便是从瑞典斯德哥尔摩来的阿尔弗雷德·诺贝尔。银行家们听了，大吃一惊，全场立刻引起了一阵骚动。

"嘿！哪里会有这么强烈的火药？"有人这样嘟囔着，这个青年随即答道："不，即使有那么强烈的油，谁会希望把这个地球炸毁呢？"这位有诗人气质的发明家的名言，引起了人们吃吃的笑声。

诺贝尔发现这样的话题，引不起大腹便便的银行家们的兴趣，便转换了话题，开始热心地说明自己所发明的新火药，对于矿山事业、铁路工程、山洞开凿、架桥、造路，都有极大的帮助，可是，这些话仍然使得银行家们连连打哈欠。他们所关心的是现在正在赚钱的事业，并不是将来有发展的发明。

因此，青年在银行俱乐部的会谈完全失败了。可是不久，却出现了一位比银行家地位更高、想象力更丰富，而且对于科学也有深刻认识的人。这人就是法国皇帝拿破仑三世。

拿破仑三世说："真是了不起的发明，如果成功了，世界的产业一定会发生大变革。好好地干，听说火药的发明，是近代社会进步的依据呢！"

皇帝短短的几句话，对诺贝尔来说，无疑是起死回生的良药。后来，他能带 10 万法郎的资金回国，完全是拿破仑皇帝这两句话所赐的。

诺贝尔兴高采烈地回到斯德哥尔摩，把支票拿出来，向父亲报告说："爸爸，好不容易才得到这些钱呢！"

"好极了，工厂用地由我来想办法。"父亲说后，马上高高兴兴地去求见斯德哥尔摩市市长，向他租了市郊爱伦堡的一块市有土地。

诺贝尔即刻在那里兴建了一栋狭长的工厂，工厂紧挨着父母所住的破房子。

说是工厂，其实也就是比实验室大一点的房子而已。虽然是个小小的起步，但是，不管规模如何，诺贝尔火药工厂总算诞生了。

"喂，埃米尔，走吧。"吃了早饭，诺贝尔马上招呼弟弟去工作。

兄弟两个往工厂走去。他们的爱犬安东摇着尾巴，也跟在后面。比诺贝尔小 10 岁的弟弟埃米尔还是个孩子，所以，无论他到什么地方，后面总有这只全身长着长毛的狮子狗跟着。

"埃米尔还是小孩子呢。"诺贝尔禁不住苦笑着对自己说。

工厂里没有雇用技工。诺贝尔和埃米尔一面研究，一面拼命地制造火药，工厂里的大小事都是他们兄弟两个人包办，真是罕有的兄弟工厂。

埃米尔异常可爱。诺贝尔已经 30 岁了，可是一直过着单身生活。因此，对待这个年少的埃米尔，与其说是弟弟，还不如说像是自己的儿子。

而埃米尔对这位哥哥除了骨肉情感以外，对于他的科学研究及日常生活毫不苟且的态度也异常钦敬。

"看他们俩，不像兄弟，倒很像老师和学生呢。"

老诺贝尔夫妻俩从隔壁的窗口看着工作融洽的兄弟俩，心里十分安慰。兄弟俩的工作进展得很顺利。不久，又雇了一个技工，继而又请了一个女佣。

后来，诺贝尔又想："不如就住在这里，比较方便。"

他把自己的床铺摆在工作室的一隅。不久，又购置了锅、碗盘、

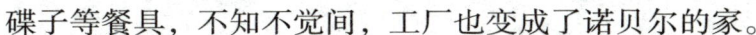

碟子等餐具，不知不觉间，工厂也变成了诺贝尔的家。

埃米尔也从家里搬了过来。于是，工厂里充满了朝气。

老伊曼纽尔一天到晚忙碌着。过去时常乱发脾气的老发明家，现在却完全任诺贝尔去做，他变成一个只为爱子的事业成功而劳碌的好爸爸了。

不过，他认为开创事业，年轻人还是比不上有经验的人来得成熟老练。因此，他自告奋勇地到政府机关办理各种手续，或向营业者办理交易等。此后的各种对外事务，便都由父亲一手包办。

诺贝尔的新事业一天比一天有进展。到了年底，这个工厂所制造的硝化甘油火药终于被用在实地爆炸。那是在离斯德哥尔摩不远的郊外所做的一次试验性的小规模爆炸，这一次的成绩非常好。其次，在斯德哥尔摩的一家采石场的试爆也极为成功。

随着新炸药的畅销，发明家诺贝尔的大名，也逐渐传播到世界各地了。

灵感爆发的那一刻

诺贝尔在马拉科夫大街的新居里生活了 8 年，之后又迁到别处度过 10 年，在这 18 年里，他不断研究，发明了胶炸药。

有一天，诺贝尔的合作伙伴来看他。"怎么样，诺贝尔先生，你的研究有新发现了吗？进行得是否顺利？"伙伴问道。

"不，不怎么好，只能说有一点点的收获吧！公司那边怎么样？"诺贝尔锁着眉头说。

"这您放心吧！一切顺利，形势也挺好的，不过我总感觉，要是能找到一种比猛炸药还好的东西，就更好了。"

"是啊！公司有你经营，我很放心。我也在想，猛炸药的最大缺点就是爆炸力比纯粹的硝化甘油弱。"

"真是这样，如果要用在质地坚硬的矿山岩石上，还真得改用危险性比较大的硝化甘油了。"

"不错，我就是想发明一种兼有硝化甘油的巨大爆炸力和猛炸药安全性的新火药，这样，我们的炸药才有更广阔的发展前景。"

"是啊！真希望你快些研究出来，让它用在更广的领域中。你就专心研究吧！公司有我呢！过两天我再来看你。"

诺贝尔继续没日没夜地实验起来。不料，有一天，他在实验室工作时，手被割伤了，他就赶快找来一块胶棉放在伤口上，继续做实验。

说起胶棉，它类似于当今人们使用的创可贴。这是由一个医科学生美娜尔发现的，后来把它制成水溶液出售，很受人们的欢迎。也正是由于这种胶棉，使诺贝尔产生了灵感。

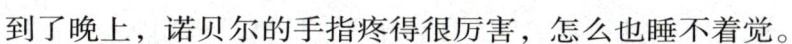

到了晚上，诺贝尔的手指疼得很厉害，怎么也睡不着觉。

"哎！这点小伤口怎么这么疼啊！是不是胶棉掉了，使伤口发炎了呢？"实际上，胶棉还好好地敷在手上，于是，诺贝尔又重新洗净伤口，又放了一些胶棉包好了，这回似乎轻了一些，不那么疼了。

诺贝尔回到床上暗自思忖：这是什么原因呢？肯定是有什么东西透过胶棉，侵入伤口里了。啊！对了，白天我摸过硝酸，没错，肯定是硝酸有透过胶棉的能力。

想到这儿，诺贝尔一下子从床上跳到地上，顾不上换下睡衣，就急匆匆下楼，钻进了实验室里。此时正是半夜时分，外面静悄悄的漆黑一片，诺贝尔似乎忘记了天还没有亮。

诺贝尔想，对，我要试一下把硝化甘油和硝酸纤维素混合在一起能产生什么现象。这两种都是能完全溶解的爆炸物质，肯定会产生威力强大的爆炸。想到这里，他已经着手操作了。

诺贝尔把胶棉蘸上硝化甘油，用各种不同的比例配方互相混合。结果发现产生了一种类似果冻软硬的胶质物质。

诺贝尔深深吸了一口气："太好了，这正是我所要的结果。"

当诺贝尔完成实验的时候，天已经亮了，但一夜没合眼的他丝毫没有倦意。这时，诺贝尔的助手来上班了，发现他身穿睡衣站在实验台前，觉得非常奇怪。

"诺贝尔先生，您

早上好！昨晚休息得不错吧？"助手有礼貌地打了声招呼。

诺贝尔这才发现自己竟然穿着睡衣而没有睡觉，不由得笑起来。

"噢！你来得真早，我正有一个好消息告诉你呢！你看，这是什么？"诺贝尔指着果冻似的东西问助手。

"这是什么东西，我还从没见过呢！诺贝尔先生，这不会是您研究的吧？"

"是啊！我成功了，我研究出比猛炸药更强大的炸药了！"诺贝尔掩饰不住内心的喜悦，竟连手指的疼痛也忘得一干二净。

"这是真的，祝贺您，诺贝尔先生！您终于完成了这个新发明，我们以后就要用这种无烟火药了，真是一件好事啊！您给它命个名吧！"

"这种火药是用硝化甘油和硝酸纤维素制成的，可塑性很强，而且极像果冻，我们就叫它胶炸药吧！叫炸胶也行。"

"诺贝尔先生，让我们把这个了不起的发明赶快发表出去，让世人见识一下吧！"助手建议道。

"这可不能太着急，我们对于采取哪种比例或选用哪种硝酸纤维最理想，还得仔细研究一下才行。"诺贝尔谨慎地说。

接下来，诺贝尔就与助手做了认真的比较实验。

诺贝尔分别用棉纤维和其他纤维做了不同程度的硝化实验，做成高低不同的硝化度的硝酸纤维素，再与不同比例的硝化甘油混合，这样他们共制成了 250 种以上的混合物，再分别对其性质优劣、作用强弱进行测试。

通过反复实验，诺贝尔得出了最好的方法，制成了最理想的炸药。并于 1875 年申请了英国专利，1876 年申请了美国专利，1878 年申请了德国专利。

勇敢面对爆炸事件

在生产硝化甘油的工厂里，他们是在小批量生产，每次只把四五克硝酸和双倍硫酸混合，等到冷却之后，再取两三克甘油一滴一滴地加进去，每一步操作都得极为细心。

然后将合成的液体倒进磨缸水里，再从水中分离出灰白色的油状硝化甘油。溶液的温度绝不能超过 30 摄氏度，否则就会发生危险。

1864 年 9 月 3 日早晨，一次意外的爆炸，摧毁了硝化甘油试验车间。

这次爆炸引起人们极大的恐慌，公众曾认为这种炸药是无害的，现在却万分恐惧、人心惶惶。

在斯德哥尔摩到处流传着耸人听闻的消息，报纸上也进行了夸大的报道。舆论的压力使市政当局极为不满，下令警察局迅速采取调查行动，调查事故发生的原因和经过，从而查明诺贝尔父子是否应承担刑事责任。

警察立刻召集负责人诺贝尔面谈："诺贝尔先生，市民现在对你的工厂都非常害怕。为什么会发生那样的大爆炸？非早日查明原因不可。"局长的言辞颇为谦和。

诺贝尔以镇静的态度答道："关于这点，我们已着手调查，但是，不幸的是，当时在现场的人员，全部罹难，所以无法说明其直接原因。不过，我记得以前埃米尔说过的话，原因是否在此，尚不得而知。"

"说什么话？"

"弟弟常常说要简化火药的制造法，并且很热心地研究。也许在做实验的时候弄错了，造成了这次惨剧。"

"嗯！"局长想了一会儿，又问，"那么，你的工厂制造硝化甘油的方法，到底是怎样的？"

"我简单说明一下，硝化甘油有'加温法'和'冷却法'两种制作方法。所谓冷却法，是把硫酸和硝酸的混合液，冰冻至零摄氏度以下，然后，一点一点地加上甘油。加上甘油以后，还要继续冰冻。所谓加温法，是把预先冰冻好的酸液和甘油一起灌进玻璃器里。于是，液体温度就升至将近 60 摄氏度。这时，把这种混合液倒在水中，硝化甘油就沉淀在水底。以制品的结果来看，用冷却法可以得到更纯粹的硝化甘油，可是，技术上还有不完善的地方，所以，我的工厂采用的是加温法。"

这些说明，局长不见得听得懂，仅是默默点头。一会儿，又追问诺贝尔说："哦！那么，用冷却法，温度常保持零摄氏度以下，所以，绝对没有危险了？若用加温法，有时候温度过高，会引起爆炸，是不是可以这样说？"

"不，绝无危险。虽用加温法，但它的温度绝对不会升至 60 摄氏度以上。"

"硝化甘油究竟热到多少摄氏度以上，才会爆炸？"

"180 摄氏度。大概埃米尔想发明新的制法，错把热度升至 180 摄氏度以上了。"诺贝尔这样说明。

于是，局长又问："你说得有些道理。但是，假如没有加热，可是硝化甘油旁边有火气，是不是有同样的危险？"

"不，仅是点火，不会爆炸，只会像石油一样慢慢燃烧，自然消失而已。"

"若装在桶里加以密封怎么样？"

"也不会引起全部爆炸。我为了做这个实验，曾在玻璃管里尽量填入硝化甘油，然后加热，但是爆炸的只是极少量，其他的都飞散了。"

局长瞪着眼睛，责问道："那你的工厂为什么发生大爆炸？"

诺贝尔更镇静地说："这个我也调查过了。爆炸事件发生时，在工厂里，有那天预定出货的火药 300 磅。可是，查看爆炸情形发现，实际爆炸的极为少量，其余的都在爆炸时飞散掉了。"

"那么是不是说，你的 300 磅火药中，只有极少量爆炸，就引起了这桩惨剧？"

诺贝尔答道："是的。"

"好了，大概已明白了。你可以回去了。"

诺贝尔向他鞠了个躬，就回家了。

他想借这次面谈的机会，把硝化甘油的性质尽量详细说明，使当局明了在普通的情形下，硝化甘油是毫无危险的。

由于南方铁路公司和奥梅堡矿业公司从中斡旋，警方最终低调处理了此事。南方铁路公司为了开凿苏德曼姆山的隧道，以完成通往斯德哥尔摩的最后一段工程，正等待着硝化甘油，而那批货已被炸得精光。奥梅堡矿业公司也在一年前向诺贝尔父子订了货。

两个公司都尽力帮助诺贝尔父子开脱责任，他们疏通说："实验炸药，事故是难免的，如果说伊曼纽尔有疏忽之罪，那他儿子埃米尔的丧生对他的惩罚已经足够了。"

这次传讯，诺贝尔是替代伊曼纽尔到庭，他准备承担全部责任。他申述说：硝化甘油是他的专利，虽然他用父亲的制造爆破器材的旧执照进行生产，但他的父亲并无过错，他个人应对整个生产以及可能引起的失败负有责任。

为了防止赫伦内堡以及斯德哥尔摩再发生类似爆炸事件，市政当局最后做出禁止在城区进行一切与炸药有关的实验和生产的决定，此案也算就此了结。

这次事故，使诺贝尔和他的父亲刚刚愈合的创伤又被撕裂。性格刚强的伊曼纽尔一生经历了两次破产，这次又在自己开办的工厂里断送了爱子的性命，他遭受到了前所未有的不幸。

现在，像其他身无分文的人一样，伊曼纽尔·诺贝尔只好辞职，以便单独承担责任和当时的各种压力。

然而，这位父亲的机智并未受到损害，他的精力也没有减弱。他在自己的房间里，完成了几项很有远见的设计，并且提出了一些异想天开的东西。

这位天生的建造家是位热心的爱国者，甚至在他侨居俄国之前，就曾忙于那些他认为适合瑞典国防需要的小型发明。

这次最沉重的打击，使从未被压垮的伊曼纽尔，在1864年10月6日猝然中风。在此后长达八载的有生之年，几乎处于一种卧床不起的状态。

对于他那位饱经风霜的妻子来说，这是一个极度焦虑的时期。正是这位妻子，才把这个家庭连在一起。她从她的儿子们，首先是从她最宠爱而又经常在家里的诺贝尔那里，取得了大量帮助。

在父亲永不停息的创造精神的影响和引导下，诺贝尔走上了光辉灿烂的科学发明道路。更让诺贝尔感动的是，父亲是个乐观主义者，对可能遭遇到的困难和实际障碍不能通盘筹划。他性格乐观，对于这些挫折从不介意。他曾拥有大规模的工厂，但他对工作的兴趣超过对效益的兴趣。

诺贝尔在父亲的影响下，完全继承了那种创造性的思维和丰富的想象力，乐观的情绪和自强不息的进取心，屡遭挫折而毫不气馁的坚韧精神。这些成为诺贝尔一生的精神财富。

同胞兄弟遭遇不测

诺贝尔的弟弟埃米尔是个勤奋好学、成绩优异的孩子。他果然不负全家人的期望，考上了瑞典的名牌大学——乌普萨拉大学。

也许是因为诺贝尔家族的血统关系，更多的可能是家庭环境的影响，埃米尔也非常喜欢化学。

1864 年的暑假，埃米尔回到了家乡。

9 月 3 日一大早，他就进了新建成的爱伦堡硝化甘油试验车间。

诺贝尔和他的父亲为了签订一份重要的合同，这一天要到斯德哥尔摩去。

临行前，他们再三叮嘱埃米尔：

"埃米尔，我们想你很清楚硝化甘油的特性，你一定要多加小心。"

"你们放心去吧，这里交给我好了。"

这是埃米尔留下的最后一句话。

然而，埃米尔把事情想得过于简单了，他可能觉得父亲的话有些危言耸听，还是没有在意父亲的叮嘱。

不幸的事情终于还是发生了。

就在当天中午，诺贝尔和他的父亲正在和客户洽谈并签订合同时，收到了一个令人难以置信的消息：

"试验车间爆炸，速归！"

等到他们从斯德哥尔摩赶回来的时候，映入眼帘的是一幅目不忍睹的悲惨景象。

硝化甘油试验车间已经变成了一片烧焦的瓦砾。5 名助手当场就被夺去了宝贵的生命，其中就包括年仅 21 岁的埃米尔。

埃米尔的不幸去世犹如晴天霹雳，给这个家庭带来了无比的悲痛。

平时总是面带笑容的母亲，此时变得少言寡语，郁郁寡欢。她强忍着失去爱子的悲痛，勉强支撑着照看父亲。

诺贝尔更是感到无比的悲痛和懊悔！

他想，如果当时不急于离开，如果当时进一步给他提醒，可能就不会发生这种事情了。

诺贝尔真的好想放开声音痛痛快快地哭一场。但是，他还是控制住了自己，因为父亲和母亲更需要他去安慰，因为还有更多的担子要落在他的肩上。

这场灾难，不仅在斯德哥尔摩，而且在全瑞典都引起了人们的恐惧与惊慌。

诺贝尔一家人沉浸在深深的悲痛之中。

然而，这位倔强的父亲在精神上并没有倒下。他在自己的房间里完成了几项很有远见的设计，并且提出了一些异想天开的想法。

这位天才的建筑师同样是一位热心的爱国者。

在侨居俄国之前，他就提供了适合瑞典国防需要的小发明。不幸的是，他的这些小发明没有得到瑞典当局的重视。

据他自己所言，这也是促使他侨居国外的一个重要原因。

他在 1865 年至 1872 年长期患病期间，还编写了三部带有精美插图的著作：《我国道路的经济防御（地雷）》《群岛的经济防御（水雷）》《对本国国防的建议（1871 年元旦给瑞典人民的献礼）》等。这三部书的内容，都是多年来他在地雷和水雷的发明及其在防御体系中的应用方面的研究结晶。

此外，他最后在 1870 年发表的关于三重叠原始思想的著作，提出了超越时空的设想，而在当时却被认为是纯粹的空想。

伊曼纽尔曾经预言，将交叉放置的薄板，经过加压使它们胶合在一起，以及将废弃木料通过蒸汽压集起来的方法，将会受到全世界工业的重视。

他列举了他认为可以大规模制造的几百种商品，如各种家庭用具、手工制品和生活用品。

他还采用详细的草图，阐明了怎样使用胶合板来盖房、造船；怎样用它制造一种木质管道系统，以便从尼罗河引水灌溉撒哈拉大沙漠；以及怎样为地震区、苏伊士运河和巴拿马运河两岸的居民点建造一种可以移动的轻便薄板房。

他的这些设想，在以后的世界建筑业和家具业里，以三合板的形式得到了充分的运用。

就是这样一本小册子，它所预示的那些颇有远见的目的和手段，就是这样一种材料。

伊曼纽尔还有另外一个富有远见的预测，他认为这些材料将首先为瑞典几千名失业者提供就业和生活的手段，并且制止正在蔓延的移民热。同时，还阐明了可以防止原材料不必要的浪费等。对于这部书，即使连反对他的人都不得不承认，正是伊曼纽尔的执着进取精神，还有他对那些想法及其实现可能性的深信不疑，才创造了后来的伟大成功。

当众实验硝化甘油

1866 年，诺贝尔为了验证硝化甘油爆炸的安全性能，亲自到美国去进行公开实验。他的这个举动是有原因的。

原来，硝化甘油制成以后要反复清洗，除去残存的酸质才能确保使用和运输的安全。不过当时受技术条件的限制，只能用试纸粗略地检验，难以确保产品的纯度，包装方法也很落后。

人们对新炸药不太了解，对诺贝尔告诫他们的种种注意事项也不够重视，因而硝化甘油上市以来，除了他家工厂里发生的那场爆炸以外，凡是把硝化甘油用于施工的国家和地区，都不断传来硝化甘油爆炸的消息。

在德国北部，运输硝化甘油最初是将它装在锡罐中，然后放在两辆运输车上。经过远距离的运输，硝化甘油侵蚀锡罐，漏出来滴在车轮上，成了减少摩擦的润滑油，幸好是在冬天，硝化甘油结成冰柱，才避免了一场事故。

1865 年，陆军上尉温纳尔斯特罗姆携带几瓶硝化甘油作为样品去挪威，想把这个新发明介绍给这个国家。他把这些样品放在旅行箱中到处行走，准备做爆破试验，由于硝化甘油并未完全提纯，内含杂质，一边走一边分解，结果产生气体把瓶塞冲开，硝化甘油洒得到处都是。

有一位瑞典工兵官员阿德尔斯科德在 1864 年夏天从报纸上读到诺贝尔发明炸药的消息，就此结识了诺贝尔，约定在科平到乌特斯贝格铁路线上进行爆破试验。于是，罗伯特带了 12 瓶硝化甘油到科平。

经过一星期的试验，12 瓶中已用去 10 瓶。据说就在那 6 天内，他们有 50 次可能被炸死。最后一次，他们正在重新打开小洞口再装入炸药时，硝化甘油爆炸了。一位工人在将硝化甘油倒入小洞里时还笑着说这是"酸牛乳"，这时他被炸到半空中，幸而掉下来平躺在地上，没有受伤。

1865 年 12 月 4 日，一位德籍推销员把一瓶 10 磅的硝化甘油小心地放在一个箱子里推销。他住进伦敦格林尼治地区的一家小旅馆。他付清账目离开旅馆时，把放甘油的木箱交给搬行李的工人照管，等他来取。这位工人有时把它当作一个坐凳，擦皮鞋时就用作脚垫。

一个晴朗的星期天早晨，一位旅馆服务员看到箱子里冒出了红色气体。这位搬行李的工人就把箱子放到外面街道上，回旅馆去了，瞬息后发生了可怕的爆炸，邻居的门前受到严重损害，门窗粉碎，街道路面破裂，深达 4 尺。

1866 年 3 月 4 日，在澳大利亚的悉尼，放有两箱硝化甘油的货站完全被毁，邻近的几座房子被震坍，有人员伤亡。这一爆炸消息传到欧美，犹如连锁反应，世界各地爆炸事件接连发生。

1866 年 4 月 3 日，巴拿马大西洋沿岸阿斯吕瓦尔发生一次猛烈爆炸，"欧洲人号"轮船完全被毁，30 分钟以后这艘遭厄运的轮船已不见踪影，只剩烟囱露出水面。

1866 年 4 月 16 日，另一艘载运一批硝化甘油的船经过同样的路程到旧金山，在卸下堆存在仓库后发生爆炸。爆炸像地震一样震撼了很大的范围。

连诺贝尔在汉堡附近的克鲁梅尔工厂也于 1866 年 5 月被炸毁。

不久，诺贝尔接到旧金山代理商的一封信：

寄存在太平洋铁路仓库里的两箱硝化甘油已发生异状，散发出硫酸的气味并发出响声，不知会不会发生什么可怕的事，真叫人担心。

现在，这两箱硝化甘油非赶快从仓库里搬出来不可，但是，找不到适当的场所，真使人为难。连湾内的岛屿也拒绝存放这种硝化甘油。不得已，今天叫几个工人用小船载着那两个箱子到离市区数公里远的湾内停泊。

您想必也知道，这个药液经过热带地区，也许会在中途起变化吧？如果能够拨冗，请大驾来一趟。目前的形势异常危急，不过，如果能够渡过这个难关，美国是推广这种火药的最好地方。假使您能亲自来一趟，大家一定可以恢复对新火药的信心。

读完了这封信，诺贝尔站起来说道："好，我去看看。"他下了这个决心，主要是想在新大陆碰碰运气。

诺贝尔到美国去了。可是，人们由于怕这种危险的火药，竟连发明它的人也不敢接近了。

"不巧得很，已经客满，对不起。"连旅社都拒绝他了。

难道诺贝尔的身体会爆炸吗？从前被赞为"新文明的希望""新产业的先驱"的诺贝尔，今天却如鼠疫一般地叫人讨厌，到处遭白眼。

可是，诺贝尔并没有因此而心灰意懒。

"公开实验硝化甘油爆炸。"

这样的广告，贴满了各地的电杆。可是，当天到采石场来参观的人只有二十几个，而且，每个人都是战战兢兢，不敢靠近。"请各位看看，把这种火药加以撞击。"

诺贝尔把这危险的油滴一点在铁板上，举起铁锤。这时，那些参观的人，都缩头缩脑地开始找地方躲避。

"砰！"

虽然响起了尖锐的声音，但是诺贝尔并没有受伤。

他镇静地说："各位也看见了，硝化甘油如果加以撞击，只有受到撞击的那部分会爆炸，其余部分就都飞散掉了。要使它全部爆炸，非装在岩石中或铁器里面，加以密封不可。"

他一方面招呼参观的人，一方面简单明了地做理论上的说明。"由这一点看，硝化甘油比石油还安全呢！"

在将近两个小时的时间里，诺贝尔用这种叫人惧怕的油，做了各种把戏，给参观的人看。

最后，他又做了两三次真正的爆炸，表示在必要时，它有极大的威力。

"真是不错。"参观的人都惊叹着回去了。

可是，这样仍不能缓和人们对硝化甘油的惧怕心理。

正当诺贝尔在美国努力缓和喧哗的舆论时，欧洲方面的情形却越来越对他不利了，他变成了众人责难的对象。

顶住压力发明新炸药

在诺贝尔前进的道路上，真是荆棘丛生。更为严峻的是，硝化甘油的爆炸事故不断发生。

一个技师做爆炸表演后还剩两瓶硝化甘油，在他乘马车回去的路上突然发现丢了一瓶。他慌忙回去寻找，看到一个木工正在用硝化甘油擦皮鞋。这不禁让他大吃一惊，这名工人哪里知道摩擦发热可能引起硝化甘油燃烧呢？

还有一次，装上火车的硝化甘油中有一桶发生漏油，站长通知诺贝尔的工厂去处理。在他们来到之前，站长看漏得厉害，已让人在桶上打了一个补丁！厂里的人都吓出了一身冷汗。

值得庆幸的是，这些事件都没有酿成恶性事故。可不久，真实、严重的事故就上演了。

几个月后，德国的一艘货轮发生爆炸，死亡 28 人，伤 200 人。接着，英国货船"欧洲人号"在巴拿马卸货时因硝化甘油发生爆炸被毁。

一系列的惨祸导致公众对这种新炸药产生了疑虑和恐惧，这迫使各国政府忙于做出种种规定，限制其出口和运输。瑞典国王在 1868年 7 月 24 日下令禁止运输硝化甘油。许多国家禁止用铁路运输硝化甘油。

英国、法国、葡萄牙明令禁止制造和贮存硝化甘油。许多传说将它的破坏力添油加醋，以致到处都谈"油"色变，海港工人和铁路工人都不肯碰这种"送命油"。最后不得不停止使用"硝化甘油"这恐怖的名字，而代之以"格拉努因油"。

诺贝尔面对这种艰难的局面并没有灰心，他深信完全有可能解决

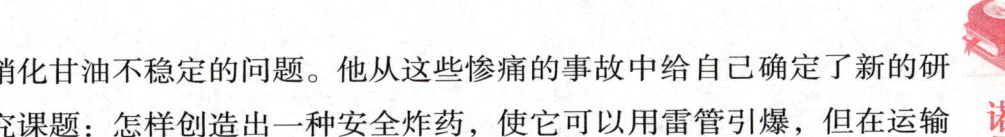

硝化甘油不稳定的问题。他从这些惨痛的事故中给自己确定了新的研究课题：怎样创造出一种安全炸药，使它可以用雷管引爆，但在运输或贮存中即使受撞击、遇热也不会爆炸。

诺贝尔先从研究硝化甘油的安全运输入手。一开始，他把无爆炸性的溶剂甲醇加入硝化甘油，相信已得到满意解决。他认为如果加入足够量的甲醇，就可以使硝化甘油和甲醇的混合物在运输中不会发生危险。

在应用前先将混合物倒进水中，甲醇很容易溶于水，而甘油不溶，这样就可以除去甲醇，使应用爆炸油的人不致遇险。另外，加入甲醇还可以防止硝化甘油在运输或贮存中冻结。

伊曼纽尔曾用黑色火药与硝化甘油混合，尝试制造新的固体炸药，但由于没有找到合适的吸附剂，尝试失败了。

诺贝尔吸取父亲的经验，决定要研制一种新的吸附剂使它既能吸收硝化甘油，又能使炸药保持较大爆炸力，还要制造简便、贮运安全。1866 年 8 月，诺贝尔从汉堡回来后，开始了用固体吸收物质进行试验。

人们曾认为诺贝尔安全炸药的发明是偶然的。他们说，因硅藻土的比重轻、吸收力大，并且来源充足、价格低廉，所以，在搬运的时候就被当作包装材料垫在装满硝化甘油的罐子与罐子之间。

有一次，一个已坏的罐子漏出硝化甘油并渗入到了硅藻土中，形成浆状物，结果自然成了安全炸药。这种说法让诺贝尔很不愉快。

其实，诺贝尔在使用硅藻土以前曾使用过其他吸收物，包括多孔性硅酸盐、木屑、纸、纸浆、砖灰、煤粉、石膏块、黏土块、木炭粉等。

只是在克劳斯托尔、康涅苏特、多特蒙德和其他矿区用硅藻土，因为它具有较大的吸收力和稳定的化学性质。

硅藻土是硅藻的细胞和其他海洋动物的外壳经过几百万年的沉积而形成的岩土，可以在某些地方大量发现，呈浅灰色或黄白色，它具有缺少化学反应和因毛孔多而吸水力强的双重特性。

这种不易燃烧的物质早在拜占庭的查士丁尼皇帝在位时就被用于粉刷圣索菲娅教堂的圆屋顶。

自从硅藻土被诺贝尔用作硝化甘油的吸附剂后，这种惰性物质便被称为"白色金子"，变成了一种有价值的新材料。

诺贝尔在选用木炭粉或硅藻土作为吸附剂的问题上，曾有过长时间的犹豫，他的哥哥也曾参与到这项试验中。

诺贝尔发现含有酸质的硝化甘油与木炭在一起可能会自然含有不安全因素。他下决心用硅藻土，因为它在吸足硝化甘油后仍性能稳定，晃动和冲击都不会令它爆炸，用火烧也没关系，只有用雷管才可以引爆。

诺贝尔让一份经燃烧筛选过的硅藻土吸收三份硝化甘油，就制成了处理方便、爆炸力强的安全炸药。它的爆炸力为一般火药的 5 倍，比液状硝化甘油的威力减低22%。但它克服了炸药的流体状态、对震动和温度敏感、运输困难等主要缺点。而且它还有另一个优点，能把炸药装入纸管插入岩孔中。

诺贝尔对他新发明的安全炸药作了下述解释："这种被称为黄色炸药的新炸药，不过是硝化甘油同有很多毛细孔的硅石的结合物。如果说我给它起了一个新名字，这实在不是为了掩蔽它的本质，而是为了使你们对它新形式中的爆炸特性引起注意；这种特性很不寻常，以至于有必要来为它起一个新的名称。"

这个新炸药音译为"达纳"，这个词源于希腊语"力量"。一号猛炸药含硝化甘油75%，硅藻土25%。不久之后，他又研制出二号猛炸药，含硝化甘油66%。

达纳炸药的消息很快传遍欧美各国，比原来硝化甘油炸药的传播还快。

达纳炸药，被一般人称为黄色炸药，可能是因为淡黄色的硝化甘油使整个固体炸药呈黄色吧，也便于与黑炸药对比。

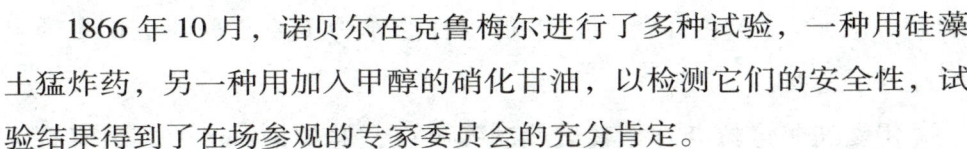

1866 年 10 月，诺贝尔在克鲁梅尔进行了多种试验，一种用硅藻土猛炸药，另一种用加入甲醇的硝化甘油，以检测它们的安全性，试验结果得到了在场参观的专家委员会的充分肯定。

受到早些年在克鲁梅尔制造硝化甘油产生的一系列可怕后果的影响，诺贝尔这次非常慎重。他又经过几个月的研究，直到认为完全满意为止。

到 1867 年初，诺贝尔公司才将大量安全炸药和甲醇与硝化甘油混合的炸药运到德国矿区。并在这一年，诺贝尔对他的新爆炸物登记了专利权。并于 1867 年 5 月 7 日在英国获得专利，1867 年 9 月 19 日在瑞典获得专利，1868 年 5 月 26 日在美国获得专利。

诺贝尔给了世界一项划时代的发明，也许这并不是他最重要的创造，但无论如何，却是他最闻名的一项发明。这是第一次合理与实际地解决了液体炸药的安全性问题，并且成为以后所有化学炸药工业的基础。

诺贝尔的这项发明引起了世界各国的关心。当时在波士顿西部联盟电报局工作的年轻的托马斯·阿尔瓦·爱迪生在日记上写道："去年，瑞典科学家阿尔弗雷德·诺贝尔曾改进了一种方法，将硝化甘油融合到不起化学变化的物质里，从而可以比较安全地处理这种爆炸化合物。"

硅藻土炸药及后来的改良型号为世界带来了一场无法估量的、具有深远意义和无限成果的革命。在黄色炸药进入世界市场之前，由于时间和费用的影响，矿业、工业和交通运输等重要企业发展很慢，几乎停滞不前，而现在已经有了快速发展。这些工程主要有，1872 年至 1882 年完成的圣戈特哈德铁路隧道工程；1876 年至 1885 年纽约东河地狱门的暗礁爆破清除工程；1890 年至 1896 年铁门地段的多瑙河疏浚工程；1881 年至 1893 年希腊的 89.92 米深、6437.38 米长的科林恩运河开凿工程。

诺贝尔的炸药，为蒸汽机开创的发展时代增添了另外一份耀眼的动力。现在，"黄色炸药"是用硝化甘油作为主要成分的100多种不同炸药的总称。

伊曼纽尔这位老开拓者虽然动弹不得，但却仍然活着，因而有机会看到他毕生梦寐以求的炸药进入它晨曦灿烂的时代。

由于儿子的成功，伊曼纽尔能够理所当然地享受某些胜利果实，特别是在几年内完全没有经济忧虑。

1868年，诺贝尔父子俩共同得到瑞典皇家科学院授予的莱特斯德特金质奖章，这是专门用来表彰那些"在艺术、文学或科学领域取得的杰出成就，以及那些对人类有实用价值的重要发现"的人。皇家科学院奖励伊曼纽尔，是"因为他在一般应用硝化甘油作为炸药方面的贡献"，而奖励诺贝尔，则是"特别由于黄色炸药的发明"。

由于硅藻土炸药的发明，诺贝尔迎来了一个大发展的时期。他深信产品具有国际前途，便坚决地投入到庞大的企业之中。他从经验中知道得很清楚，这种安排是使新产品进入世界市场的斗争中的重要部分。

在瑞典、挪威和芬兰的硝化甘油公司立即扩大了，以便制造黄色炸药，新的工厂也很快便兴建起来。往往不等发明专利权拿到手，硅藻土炸药的生产就要在工厂里紧张进行。

诺贝尔从发明专家到爆炸工头，现在对黄色炸药，就像前几年对爆炸油一样，有着巨大的兴趣。

但是，有关当局出于长期害怕和缜密观察的理由，仍然禁止进口这种以硝化甘油为主要成分的黄色炸药。

作为使用者的矿业人士，更喜欢便宜些的液体炸药，因为他们认为那种炸药更有效能。甚至有些人还说，黄色炸药只不过是被冲淡了的爆炸油，是出售者以高价骗取额外利润的东西。

19世纪60年代，世界各地的科学界和用户们激烈地争论着黄色炸药的性能。直到19世纪70年代，黄色炸药终于站稳了脚跟，并且实际上控制了市场。

实验发明新引爆装置

诺贝尔在之后的实验中注意到：他最初发明的那种以黑色火药为填料的引爆装置虽然可以与安全炸药配合使用，但其效果并不十分理想，因为引爆装置的爆炸力太小，威力还不够大，况且引爆装置有时也会失效。于是，他又着手进行新的试验，打算研究出新的引爆装置。

在诺贝尔发明新的引爆装置之前的 40 多年，德国著名化学家李比希就已发现了雷酸。

李比希和德国另一位著名化学家维勒分别发现，雷酸的盐类具有猛烈的爆炸性。

在雷酸的各种盐类中，又以雷酸汞的爆炸特性最为突出。同黑色火药相比，雷酸汞的爆炸力要大得多；同硝化甘油相比，雷酸汞的敏感性又要小得多。

诺贝尔分析了雷酸汞的特性，想到能否把雷酸汞做填料发明一种新的引爆装置。为安全起见，他曾以雷酸汞和黑色火药的混合物做填料，但实验效果不理想。

到了 1867 年诺贝尔完全选择用雷酸汞来作为填料。

诺贝尔在研制新型引爆装置的过程中，经历了数百次失败后，又试验了几百次。

让他意想不到的是，成功与灾祸竟同时来到！在一次试验中，"轰"的一声巨响，他的实验室被炸上了天，他自己被炸得鲜血淋漓。

诺贝尔被炸得浑身是血，外罩出现无数破洞，有的地方成了布条。然而，诺贝尔从瓦砾堆中爬出来后却高兴得热泪盈眶。因为他以高昂的代价，取得了有价值的经验。

此后，诺贝尔在一个金属管的底部装入硝化甘油和黑色火药的混合物，而上部装入雷酸汞及导火线。当导火线点燃，燃性极好的雷酸汞会引起底部混合物的快速爆炸。

诺贝尔的雷管就这样被发明出来了。

最初他用铅管封装雷酸汞，后用铜管，现在这种引爆管仍在普遍地应用。

19 世纪 60 年代初期的瑞典，正处于繁忙的铁路建设时期，急需一种威力大、见效快的爆炸方法，来征服坚硬的原始岩石，在地势起伏不平的农村修建运输线。

诺贝尔，通过他 1863 年所获得的发明专利权的爆炸管，成功地研究出将索布里德的硝化甘油，从它自 1846 年被人们发现以来就一直处于一种任性状态的化学珍品，变化成为人类可以控制的强大工具。

通过许许多多的试验，例如，1862 年 5 月诺贝尔在圣彼得堡工厂运河进行的第一次成功的水下爆炸试验，1863 年在赫勒内堡和在瑞典的矿山和防御工事里所进行的试验，这位年轻的发明家深深地相信爆炸管是一种取得进步的源泉。它的市场前景在他看来也是乐观的。

赫勒内堡灾难所引起的各种忧虑，诸如忧伤、缺钱、诉讼和对诺贝尔继续干下去的普遍敌视等，都不能使他丧失勇气或者束缚他的手脚。

诺贝尔也没有为个人的幸福而去听从某些人的好意劝告。他的哥哥罗伯特就从圣彼得堡特地写信劝他：

尽快离开发明家这个讨厌的事业，因为它只能带来许多灾祸。

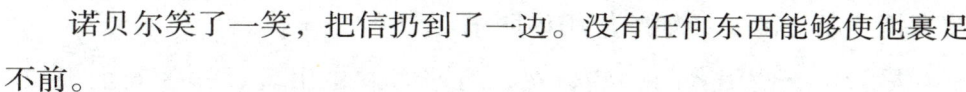

诺贝尔笑了一笑，把信扔到了一边。没有任何东西能够使他裹足不前。

诺贝尔主要的愿望就是以最大速度来恢复被破坏了的家庭企业，使带有附属雷管的爆炸油进入市场，并且赢得公众对它的信任。

进行大规模的工厂生产时，公众对他的冒险行动持敌对态度，使他一时找不到厂房和场地。

没有人肯与他为邻，而且，人们还可以找到已公布的法令作为反对他的理由。

在很长一段时间内，诺贝尔只能在梅拉尔湖面一只带有棚盖的驳船上，利用最简单的仪器，以每磅产品价值两个半瑞典克朗的成本制造"诺贝尔专利爆炸油"。

诺贝尔找到思想开阔、目光远大的斯德哥尔摩富商斯密特作为自己的后台。

斯密特曾在南美发了财，在斯德哥尔摩的工商界里，是位出人头地、见多识广的人。

诺贝尔有一位保持着终生友谊的朋友阿拉里克·利德伯克工程师，诺贝尔聘请他来同自己一起建厂和造机器。他们之间富有成果的合作就是从这里开始的。

后来，他们又一起在世界其他地方建立了很多重要工厂，并且在这个未被开垦的领域里合伙建造了一些新的仪器，并发展了某些新的生产方法。这一切的基础，使他们之间终生保持相互理解和私人友谊。

工作和勤奋是诺贝尔的生活指导原则，现在，这一原则发展到了登峰造极的程度。

他不知疲倦地四处奔走，到采石场和矿山等未来的买主那里去表演他的爆炸程序。

为了做广告推销公司的产品，他在那些日子里还做了一件不平常的事情：邮寄散发详细的使用说明书。

尽管由于使用者的一些疏忽，有些时候也出现过一些安全事故，但是，大矿业公司和国家隧道工程使用的结果是成功的，大大节省了时间和劳动力，从而增加了人们对硝化甘油和这种革命性雷管的普遍兴趣。

矿务界和技术刊物现在都以尊重的态度对诺贝尔的新发明进行讨论，国外也来信询问。

诺贝尔对未来在一些大型工程中利用他的发明，以及对这些发明将使全人类受益的信念，使他不满足于把自己的计划仅仅局限在第一家小工厂和国内市场之内。

炸药之父

　　如果你有任何才干，或任何工作吸引你，就全力去做吧。
把整个人投进去，像把一把刀直刺入到刀柄。不要问为什么，
也不管可能碰到什么困难。

—— 诺贝尔

努力开发美国市场

诺贝尔清清楚楚地知道国际市场上有新的需求迹象。他也认识到对于任何一个竞争者来说，制造他的简易生产仪器和产品都比较容易。

诺贝尔在爆炸油对撞击的敏感性方面，曾有过辛酸的教训，因而他了解它在运输方面的困难。因此，他决定必须立即将爆炸油在国际上取得专利权，以便今后在尽可能靠近消费它的地方，或者至少是在使用它的那些国家里进行制造。

诺贝尔在英国、挪威和芬兰取得专利后，又同其他几个欧洲国家和美国开始了有希望的谈判。通过这些安排之后，加之温特维肯工厂有得力助手，由他的哥哥罗伯特和阿拉里克·利德伯克照料，他在1865年3月接受了来自汉堡的一项有前途的关于联合生产的邀请。他迁居汉堡，从此开始了日益扩展的活动。

1865年6月，在瑞典出生的商人威廉和西奥多·温克勒以及同德国矿业和金融界有着良好接触的汉堡律师班德曼博士的共同参与下，诺贝尔建立了属于他的第一家国外公司"阿尔弗雷德·诺贝尔公司"。

此后不久，所有条件苛刻的德国批准手续都办妥了，总共3万普鲁士塔勒的资本，已足以使这家工厂在开张时雇佣约50名工人从事规模较大的生产。

这家工厂建在易北河畔格斯塔赫特地段的克鲁梅尔，厂址选在一个地势很好的边远山谷里，北面的汉堡是当时欧洲大陆最大的进出口船运中心。从这里，硝化甘油通过马车、铁路和船舶被运送到德国各地以及奥地利、比利时，甚至美国、南美以及澳大利亚。

英国早在 1863 年的时候就授予了爆炸油发明专利权，但是兴趣不大。一直到诺贝尔一再亲自进行示范表演及取得安全的储存场地后，这才开始进口爆炸油。看来，北威尔士的采石场对它有着非常大的基本需要。

在 1869 年的限制硝化甘油的法案生效之前，仅 1866 年至 1868 年期间，英国北威尔士的采石场一家就用了 9 吨进口的爆炸油。这还是在售价高昂的情况下进口的；在当时 1 磅硝化甘油的价格是 3 先令 3 便士，然而普通炸药则只有 4 个半便士，硝化甘油有良好的市场前景。

但是好景不长，由于生意的冒险性、当局的不信任及贷款和原料的缺乏，诺贝尔和他的助手们每天都身处困境，随后的几年，工厂的前景变得黯淡而令人忧虑。

更坏的情况也接踵而来。由于消费者和运输者对爆炸油的特性缺少常识，他们对给予的说明书又往往漫不经心，当然也因为这种物质在储存或温度变化情况下的分解引起的不稳定性。于是，关于可怕的爆炸灾难的报告，很快便从世界各地传来。人员死亡，运输工具、仓库和工厂被毁。随之而来的是，诺贝尔的公司和新取得的市场遭到严重影响。即使爆炸油比它的对手黑色炸药具有已在各地得到证明的优越性。

但是，用户和公众的恐慌情绪增长了，用户所在国当局也采取了越来越多的限制。有几个国家颁布禁止进口它的命令，从而使在温特维肯和克鲁梅尔的生产有被窒息的危险，在挪威和芬兰的建厂计划也被迫搁浅。

阿尔弗雷德·诺贝尔公司这家提供灾难产品的企业遭到了抱怨的攻击和威胁，严重妨碍他取得贷款。这位发明家必须设法尽快驱散这块乌云。

1866 年春天，诺贝尔把克鲁梅尔的生产安排妥当后，动身到美国去进行第二次访问。

诺贝尔的战术始终是计划、鼓舞和行动，当看到一件计划实现之后，又立即投入新的任务，现在，他正是这样做的。

1866 年 8 月 14 日，诺贝尔在美国取得制造和使用硝化甘油的专利权，人们很快便认识到生产它的可能性。

由于爆炸油是在美国内战后才进入美国市场的，当时的美国正处于恢复和发展的时期，要建筑泛美铁路，并且向西部的黄金和石油产区扩展。因此，爆炸油在金矿、矿业公司和民用工程等方面大有市场。

从克鲁梅尔的工厂出口硝化甘油到遥远的美国，无论如何也满足不了迅速增长的产品需求。通过从汉堡直达纽约的船只来运送商品是比较容易的，但是将这种敏感的爆炸油转运到旧金山或者中西部，则冒着很大的风险。

从汉堡到旧金山的海路，在当时只有经大西洋南去，绕过合恩角，或者经过加勒比海，到达巴拿马海峡的东岸。

由于当时那里还没有运河，船上的货物卸下后，必须再用马车或者挑夫队，经过颠簸不平的丛林道路运到西部，然后再从那里装船沿太平洋海岸北上。

处理这种产品的各种临时工对它的危险性一无所知，因此，运输中的事故经常发生。

由于事故太多，进口被卡在了运输环节。

此外，这项产品还遭到美国大军火制造企业杜邦的激烈反对，因为他们的固定市场受到爆炸油的严重威胁。杜邦将军在报刊宣传和讲话中，大肆宣称他的明确意见："谁使用硝化甘油，谁就必然丧命，只不过是早死晚死的问题。"

然而，诺贝尔通过不懈努力，终于在美国开设了一家"美国爆炸油公司"，从而进行大规模生产。入伙的是纽约的一些股东，计划股金资本为 100 万美元。诺贝尔接受了他们提供的 1/4 的免费股票，外加发明专利权的 2 万美元现金。

但由于股票没有卖出去多少，再加上人们对能否保持垄断地位产生的疑虑，阻碍了这家公司想要在纽约完成建厂的首要任务，于是，他只好将在美国的专利权转让给设在旧金山的"大火药公司"，由当地的工厂供应加利福尼亚市场，以免千里迢迢从克鲁梅尔进口爆炸油。

不久，诺贝尔在旧金山西郊的里士满建立了另一座工厂。工人是些华人，爆炸油日产量大约为半吨，售价是每磅 1.75 美元。由几名从克鲁梅尔派来的瑞典工程师负责生产，公司的管理和销售业务则交给了精力充沛的商人朱利叶斯·班德曼。诺贝尔的这位商务代理人住在加利福尼亚，是他在汉堡那位同伙的弟兄。

诺贝尔的爆炸油在美国的首次使用，是于 1865 年 7 月 15 日用进口材料进行的，那时他还没有在美国取得专利权。

19 世纪 60 年代，当硝化甘油在美国开拓市场时，人们需要有难以想象的勇气和胆量，他们必须以足够的精力、信念和坚忍精神，来对付和克服各种阻力。很多人为此付出了宝贵的生命。

为了满足纽约和东部几个州的需要，同时也为了创造条件，1868 年，诺贝尔在纽约成立了"大西洋大火药公司"。这家公司后来接管了"美国爆炸油公司"，并选择加利福尼亚的"大火药公司"作为合伙人。这两家"大火药公司"分别在落基山脉两边从事活动，并且取得了初步成功。

出于对这种产品几乎不可思议的威力的关注，人们很快便充分认识了硝化甘油，几乎所有需要炸药的人，都在不择手段地寻求掌握它的秘密，以便为他们节省金钱和时间。

因此，不久全国各地便出现了假冒的现象，而当时法律界的状况又长期混乱。在当时的企业中，经营方法松懈和不讲信誉是家常便饭，诺贝尔在美国很快就遇上了所有权的纠纷和诉讼。

"美国爆炸油公司"由于逐渐被一些无耻的股票经纪人控制，从而变成一家诈骗性的企业之后，以及在许多不讲信用的竞争对手公司通过各种狡猾手段取得了大批不爱挑拣的顾客之后，依靠法律途径与它们进行斗争的前景看来是非常可疑的。因此，只好成立一个由各家公司参加的合作与利润均摊的卡特尔。

此时，"大西洋大火药公司"的股金已增加到 300 万美元，其中1/3 按 30% 的比例，转让给各联合公司，其余的则由原股东按比例持有。

"大西洋大火药公司"曾有过长期十分成功的历史，在阿尔弗雷德·诺贝尔死后，合并到"杜邦·德奈穆尔公司"。杜邦公司在 1865年曾激烈反对诺贝尔和他的爆炸油，但这时已经突破了最初的规模，成为一家业务广泛的军火企业。

长期以来，杜邦公司一直是美国最大的化工企业，生产各种炸药和尼龙等产品。1956 年，这家公司有 7.5 万名职工，其中 1500 人是科学研究者，并且把"大西洋大火药公司"说成是"我们在烈性炸药方面大发展的主要原因，这种烈性炸药，是以诺贝尔首先引进美国的硝化甘油为基础的"。通过改进现代产品的质量及逐步提高生产能力，杜邦公司继续发扬诺贝尔的传统，为美国和全世界取得了巨大的利益。

当 90 年前诺贝尔为建立公司而努力斗争时，情况就大大不同了。由于股东的诈骗行径，诺贝尔对企业的组织和经济整顿一直无法实现。部分股东用狡诈的欺骗手段巧取豪夺，导致了没完没了的官司。

他们把诺贝尔的配方略加变动，冠以高效炸药、硝基剂、双硝炸药、劈石粉、大力士、铁路炸药等新名称竞相进入市场。这不仅抢走了诺贝尔的市场，而且威胁到他的专利权。这种行为在他后来发明的黄色炸药进入美国之后，变得更加明显。

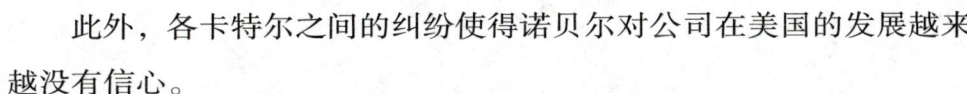

此外，各卡特尔之间的纠纷使得诺贝尔对公司在美国的发展越来越没有信心。

在无可奈何的情况下，诺贝尔离开了美国，并且从此没有再去那里。在他给纽约的一位律师的信中写道："我不愿巴纳姆来此访问，并且作为一个骗子死乞白赖地与我握手。"

他经常以批评和讥讽的语调来提到美国："我终于发现美国的生活绝不是愉快的。对金钱的过分追求破坏了人与人之间的交往乐趣，为了那些想象的需要而毁掉了廉耻感。"

在19世纪60年代那种或者成功或者毁灭的环境中，诺贝尔为正义与进步而同狡猾的金融鲨鱼、冒险家、骗子及他们无耻的"律师"进行的顽强和不妥协的战斗，在诺贝尔的心里留下了深刻的烙印。

大胆进军德国市场

从 1865 年至 1873 年，这位发明家非常朴素的住宅和私人实验室都在克鲁梅尔，公司的营业办公室则在汉堡。

"阿尔弗雷德·诺贝尔公司"这家企业，就是从这里将数量不断增加的硝化甘油炸药，不仅发往广阔的德国市场，而且很快也运到了其他欧洲和海外市场。1870 年后，在各地接连建成的新工厂便承担了全部供货生产。

克鲁梅尔工厂曾于 1866 年及 1870 年两度被爆炸摧毁，1876 年又被重新建立起来，并且扩大了范围，原来的企业被改组成一家生产硅藻土炸药的有限责任公司，总部仍然设在汉堡。

1868 年于扎姆基和 1873 年在普雷斯堡兴建的大型工厂完工后，奥地利和匈牙利的顾客大量增加，这家公司第一次改名为"德国—奥地利—匈牙利黄色炸药有限公司"。然而，很快便发现没有带上诺贝尔这个招牌名字显然是一个大错，于是又将公司的名字改为"黄色炸药有限公司，原阿尔弗雷德·诺贝尔公司"。

法国人保罗·巴布从巴黎的诺贝尔公司调到汉堡，在以后的 4 年里，他一直是那里一位有能力的组织经理。与此同时，诺贝尔在汉堡的两名助手被调到巴黎的"法国总公司"工作，汉堡公司开张时的资本为 350 万马克，其中多数属于诺贝尔和巴布。

作为诺贝尔多方面活动之一的政治和行政因素，使得有必要在此后不久便为奥地利和匈牙利另立了一家公司，即总部设在维也纳的"诺贝尔黄色炸药有限公司"。

由于贸易条件的顺利、这位发明家不断改进的专利发明，以及基于这些专利发明的新产品的制造，人们总是愿买这家公司的股票，它的股金也就不断增长。1888 年增长到 500 万，1898 增长到 900 万，1908 增长到 1200 万，1918 年增长到 3600 万。

在 1919 年至 1923 年间，竟然逐渐增加到 2.5 亿的资本股票和 5000 万的优先股金，这当然是由于第一次世界大战后出现的严重通货膨胀造成的。当 1925 年这家公司成立 60 周年之际，股金已被稳定在 3000 万德国马克。

诺贝尔比较信赖的朋友古斯德福·奥夫斯拉特博士从 1889 年起的 30 年左右一直是公司的董事，后来还担任了总经理。他曾在这家母公司干得很出色，并且为它在国外的利益，例如，在重要的外瓦尔地区做出了卓越的贡献。

在 19 世纪的 60 年代至 70 年代，这家公司在德国市场上最强劲的竞争者是在科隆地区奥普拉登的"莱茵黄色炸药制造厂"、汉堡的"德国爆炸材料有限公司"和德累斯顿的"德累斯顿黄色炸药制造厂"。

但在 1886 年，诺贝尔成功地在价格和地区方面将这三家公司控制在德国和英国公司组成的卡特尔之内。这项国际协议在 1914 年第一次世界大战爆发后遭到了突如其来的破坏，但在第二年，公司便被汉堡的"黄色炸药有限公司"所兼并。

自 1989 年起，这家公司便同柏林的一家炸药企业"科隆—罗特魏尔有限公司"有着对前途重要的利润和冒险分摊协议，每年的清算是通过特别为此成立的一个公司进行的，这个公司就是汉堡的"阿达斯特拉管理有限公司"。

第一次世界大战期间，在德意志帝国的催逼下，有着 2700 名工人的克鲁梅尔工厂在狂热的军工生产方面起过重要作用，它曾生产了制造弹药所需的混合无烟炸药以及各种附属品等高效能爆炸物。《凡尔赛和约》的条款规定立即停止这方面的生产，因此，整个工厂的炸药产量急剧下降。

生产遭到了严重的影响，而战后的几年又是阴郁的，但却并不缺少资金和德国精神。关键在于寻求一些从生产角度来说纯属和平时期的产品，以便通过仍然存在的优良技术源泉：工程师和工人、未遭破坏的机器和实验室等来制造这些产品，诺贝尔公司里的每一个人都在为使工厂转向和平时期的形势需要而焦急。

在一种危机的时期里，这家公司努力的结果，对于国家的经济生活和恢复，以及对于科学也都有着巨大的重要意义。

在克鲁梅尔建立了一座大型的研究实验室和两座新工厂，一座生产人造丝，另一座制造"维斯特拉"化纤，这两种纺织纤维产品，都是以低硝处理的纤维素为基础造成的。

后来，这些产品在纺织工业中起过巨大作用，在其制造过程中的很多技术问题，都是以诺贝尔在圣雷莫的实验室里进行的开创性研究和设计为基础的。

"德国爆炸材料有限公司"的三家大工厂，也投入硝化纤维的生产，其产品包括赛璐珞、人造丝、人造革、漆、胶和发光合金的白炽灯等。

1902年，从原公司分出单独设立在朱利奇的"诺贝尔胶片公司"，生产制造电影、X光和业余摄影用的胶片。

1918年至1924年间，黄色炸药有限公司买下了接着要提到的四家德国大公司的多数股票，这些公司也已经转到生产民用炸药和其他一些重要的工业用品。这家公司通过一些特设部门加强研究工作。

尽管条件困难，但伊曼纽尔和阿尔弗雷德·诺贝尔那种追求进步的精神，使产品在很多方面得到改善，新的机器和生产方法也被采用。买下的四家公司是：

汉堡的"碳质炸药有限公司"，它在施莱布什有一个生产合成树胶、胶片和油漆的工厂，在基尔还有一座生产钢丝的工厂，这家工厂

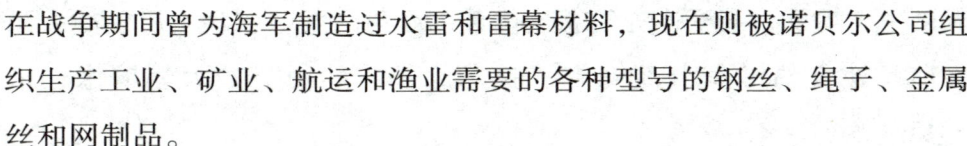

在战争期间曾为海军制造过水雷和雷幕材料，现在则被诺贝尔公司组织生产工业、矿业、航运和渔业需要的各种型号的钢丝、绳子、金属丝和网制品。

汉堡的"纳恩森爆炸材料有限公司"，它在多密茨的一座工厂，利用阿尔弗雷德·诺贝尔1865年发明的最新形式，生产工业需要的各种类型的爆炸雷管和引爆剂。

多特蒙德的"德国西部爆炸材料有限公司"，制造矿山使用的炸药及其附属材料。

科隆的"控制工具有限公司"，它在符根多夫的工厂生产各种木器螺丝材料；在威斯特伐利亚州的霍帕克，还有一座生产蓄电池和矿用灯等产品的工厂。

德国诺贝尔公司于1926年再次联合成不仅类似英国的公司，而且类似"I·G·化学工业有限公司"。这一措施有利于以后取得良好成果。公司的总部也由汉堡移到靠近科隆的特罗伊斯多夫。

1929年至1939年的和平岁月，是这家公司的兴隆繁荣时期。这时，它的母公司有3000名工人，股金达4700万德国马克，利润也很高。

接踵而来的是1939年至1945年的第二次世界大战。在阿尔弗雷德·诺贝尔死去与和平奖金设立40多年后，他在1865年设计的作为一个和平工业进行生产的克鲁梅尔工厂变成了一家有9000名工人的德国最大的弹药厂，无情地为死亡和破坏服务。

在当时良好的发展阶段中，一切建设性的工作都被搁置在一旁。但是这家工厂直到战争将近结束时，长期没有遭到破坏。只是到了1945年4月的一个白天，在盟军的一次空袭中，它才被1000多枚重型炸弹所摧毁，而这些炸弹所使用的炸药，也正是以阿尔弗雷德·诺贝尔自己的发明为基础制造出来的。

在战争快要结束时，所有的金属材料均被没收熔化，来满足希特勒的军工需要，甚至连为纪念这位黄色炸药的发明家和工厂创始人而在前院建立的一座上面镌有"技术胜于自然力"的大型铜像也未幸免。

但是，后来在废墟中找到了阿尔弗雷德·诺贝尔的半身塑像，虽然它被弹片损坏，却依然屹立，已被安放在这家公司的办公大楼里。他在这里以安详但却忧伤的眼睛继续注视着现在的董事们，自1945年后，其中有一名董事是英国的管制军官。

克鲁梅尔工厂的生产当然不可能恢复，但这家现已改名为"诺贝尔黄色炸药有限公司"的德国母公司却仍在进行工作。它的总部还在特罗伊斯多夫，在其他未被破坏或重建的地区，有现代化的工厂和办公室。

克鲁梅尔工厂区是在莱茵河畔起伏不平的一片坡地里，现在那里野草丛生，只剩下一座办公楼没有遭到破坏，现在这里的一切就像1865年年轻的诺贝尔带着各种计划首次进行现场勘察时那样平静。

后来建立的厂房废墟掩盖了茂密的杂草。那所被摧毁但未被遗忘的小小砖砌平房，就是诺贝尔试验直到制成黄色炸药的地方，在这座小平房里，他首次造出了一小包炸药。

迅速拓展法国市场

1868 年，诺贝尔来到巴黎，但他在法国申请开办公司和工厂的要求遭到了拒绝。因为法国当时实行国家专卖政策，这是为生产和销售炸药而制定的政策，这也包括硝化甘油和安全炸药，所以法国政府当局开始时对诺贝尔加以阻拦。

早在青少年时期，诺贝尔就在他的欧美之旅中来到法国巴黎，那时巴黎给他留下了难忘的印象。法国既是他的初恋之地，也是他非常喜爱的国家。

所以，当诺贝尔的炸药事业在瑞典和德国有了初步发展之后，他就非常想把发明引进这个国家，并开办达纳炸药公司和工厂。

在诺贝尔谋求用硝化甘油打破黑色火药在法国的垄断地位的这段时间里，他与巴布结识。巴布当时在协助他的父亲经营一个冶金厂，

名为"巴布父子锻铁公司"，地址在离南锡不远的里弗尔顿，他比诺贝尔小 3 岁，他俩一见如故。

两人在 1868 年 5 月签订合约，组成一家公司在法国开发利用诺贝尔的发明，诺贝尔出技术，巴布提供所需资金 20 万法郎，预先提

出资本总额 6% 作为利息并享有均分红利的权利。他们之间的合作一直延续到巴布在 1890 年去世前，并不断扩大合作事业的领域。

1869 年 12 月，巴布到法国管理专卖的财政部，请求允许从国外输入 1 吨安全炸药供试验用。他于 1870 年 5 月又与财政部洽谈在法国建造一家安全炸药工厂。在与财政大臣辩论时他指出：国家垄断的结果便是让黑色火药独霸市场，任何正当的理由都无法使政府准许高效爆炸药的生产。

但是各大垄断工厂都以最强大压力反对批准这些请求，政府还是不同意诺贝尔和巴布在法国境内设置炸药工厂的请求。

1870 年 7 月，普法战争爆发。巴布应征入伍，作为炮兵上尉上了前线。在战争中，法军不敌普鲁士军队的进攻。法国的总参谋部惊恐地发现，德国的工兵使用了法国不予理睬的新爆炸物黄色炸药来炸毁法国的堡垒和桥梁。

埃德蒙·雷鲍夫元帅发出警告说：在这场战争中使用它已经为时太晚。经过很多纠纷之后，国防部长利昂·甘贝塔戏剧性地乘坐热气球到达图尔的几天后，以现在的"第三共和国"而不是原来"帝国"的名义，命令巴布的企业以最快的速度，建立一座黄色炸药工厂。

于是，诺贝尔这座接受 6 万法郎国家赠款的法国工厂，终于在 1871 年春注册落成，工厂建在远离战区的法国南部靠近旺德勒港的保利勒。国防大臣勒波夫命令巴布立即着手生产制造这种高效炸药。

1871 年 3 月工厂开工，3 月 16 日由保利勒运出第一批安全炸药，在很短时期内大量运到法国军队中。

令人啼笑皆非的是，诺贝尔一贯厌恶战争，他没料想自己在法国的工厂竟然起到了这样的作用！

停战后，巴布成功地把安全炸药用于铁路、建筑、公路、开矿和采石中，他们的产品不仅在法国销量剧增，而且还外销瑞士等国。

巴黎公社的活动以及自制炸弹的恐怖活动，使法国政府对一切新型炸药产生一种恐惧感，因此在 1871 年 6 月 19 日，国会决议，禁止民间制造一切炸药。

巴布接到通知，令保利勒工厂停工。巴布虽为此提出抗议，并代表合伙人提出赔偿损失的要求，还特别强调了炸药在和平产业中所占的重要地位，要政府不能因噎废食，却未被理睬。经过多年的洽谈，法国才又允许民间生产及销售炸药。1875 年保利勒工厂才恢复开工。

巴布在利弗顿的一座临时工厂被允许进行纯粹为了出口的生产，产品主要销售于比利时等地，无疑也包括向德国人占领法国的地区出口。

诺贝尔和巴布在瑞士弗鲁伦附近的伊斯莱滕和西班牙比尔巴鄂附近的加答坎诺各建了一座工厂。加答坎诺工厂 1872 年 10 月前生产一直很活跃。安全炸药输入意大利最初是从保利勒，后来是从伊斯莱滕和布拉格附近的扎姆吉。

汉堡的诺贝尔公司早在扎姆吉建成了一座安全炸药工厂。不过意大利不久也感到需要在国内有一家安全炸药工厂，于是 1873 年在都灵附近的阿维里安拉建成一座工厂。

诺贝尔在巴黎期间，与巴布合伙的法国诺贝尔公司共开办了 7 家。1875 年，诺贝尔和巴布决定在巴黎建立一个科学顾问理事会，以备各国安全炸药工厂之需。

在此后几年里，法国、意大利、西班牙、葡萄牙、瑞士，以及瑞典和挪威完全独立的公司都求助于这一理事会。

排除障碍建厂英伦

英国是诺贝尔首次在国外并且最广泛地请求保护其发明专利的国家。他在 1863 年和 1864 年在英国获得利用硝化甘油作为一种炸药的专利；1867 年 5 月 7 日，获得安全炸药的专利；1869 年 2 月 12 日又取得硝石和碳或碳氢化合物与硝化甘油混合成的安全炸药专利。

但当诺贝尔取得硝化甘油炸药专利后，却得不到生产的专利，硝化甘油最初只能从克鲁梅尔工厂输入英国。

诺贝尔在英国遇到的困难与在法国遇到的困难不一样。他在法国遇到的困难主要是政府的垄断行为，而在英国遇到的困难则主要是来自政府的禁令和同行的排斥。

在英国硝化甘油炸药花费了很长时间才被充分认可并获准制造。1866 年 2 月 13 日，诺贝尔到英国介绍新炸药，温克勒写信说按照他的吩咐，共 12 箱、每箱重 25 磅的炸药正运往伦敦，同年 2 月 26 日又运去"油、雷管和弹药筒"。

1866 年 4 月，诺贝尔经过英国去美国，之后又返回伦敦，打算在伦敦附近建立一所硝化甘油站。

可是英国当局对硝化甘油以及含硝化甘油的安全炸药等仍抱怀疑态度。1869 年 8 月 11 日，英国议院通过一条法令，禁止在英国制造、输入、销售和运输硝化甘油。这条禁令包括所有含硝化甘油的化合物。

诺贝尔的代理人伦敦的维伯公司和格拉斯哥的道尼埋怨获得这种允许的困难。因为这个缘故，诺贝尔在 1869 年到 1870 年间给内政大臣布鲁士先生写了 3 封恳切的信，请求减少这些困难。

诺贝尔在信中提到了德国、法国、奥地利和瑞典的情况，还提到了几个官方委员会的报告，指明安全炸药可以比较安全地贮藏和运输。

诺贝尔特别抗议安全炸药和火棉所受到的不同对待，火棉曾造成比安全炸药更多和更严重的事件，而火棉实际用途较小，其重要性与安全炸药相比小得多。

当初，这看来是对整个计划的致命打击，特别是他在这个时候同最有影响的咨询人之一，著名的英国化学教授弗雷德里克·阿贝尔进行第一次接触时就碰到了坏运气。

阿贝尔是英国政府和议院掌管1869年硝化甘油法令的专家，在炸药科学史中享有声望。他曾多年献身于火棉应用的发展研究工作。在这方面，他还有着个人的经济利益，特别是因为他使火棉获得化学稳定性。

阿贝尔担心诺贝尔公司进入英国市场之后会抢占他的火棉市场，对安全炸药提出强烈的反对意见。阿贝尔的意见对政府和议院的影响很大，这样，使诺贝尔在英国遇到了意想不到的困难。

阿贝尔借此机会，开始顽强宣扬他的观点，说什么如果可能的话，黄色炸药将比硝化甘油对社会有着更加严重的危险，而他所发明的火棉，则有着无限的优越性。

为此，诺贝尔在1870年3月29日写信给调查委员会为他的安全炸药的安全性能辩护：

> 迄今为止，已有560吨猛炸药，经过制造、运输及贮藏，并未发生一起事故。
>
> 560吨猛炸药在爆炸力方面，相当于2800吨黑色火药。有人说这是"交了好运"，然而像这样大量生产而无事故的"好运"实在难得。

倘若火棉真的如阿贝尔教授所强调的那样安全，那么，它的消费量虽微乎其微，为什么却在奥地利以及别的地方造成大量的严重事故。

查一查统计数字便能证明，玩弄枪支所引起的事故比使用猛炸药不知要高多少倍，须知，后者乃是我们开采矿产资源的巨大而宝贵的动力。

这时，高效炸药的需求急剧增长，政府终于开始认识到这道禁令有损国家利益，于是解除了这道禁令，并发给了进口和制造的许可证。

由于阿贝尔教授的影响和权威，诺贝尔多次想在英格兰建立一座黄色炸药厂的试图均遭破产，人们仍像过去一样抱着有利于火棉的偏见。

然而，通过在格拉斯哥进行新的示范表演，诺贝尔出乎意料地获得了成功，接到了苏格兰的一些主要金融家和矿主提出的合作建议。其中金融家为首的是约翰·唐尼，他以其不屈不挠的精力和良好的社交关系，成为当时生产黄色炸药的一名拥护者。格拉斯哥是当时英国北部的大城市，重要的海港，并且拥有非常兴旺的采矿业和化学制造业。

1871 年，诺贝尔同苏格兰人一道建立了"英国黄色炸药有限公司"，公司总部设在格拉斯哥，握有股金 2.4 万英镑。马上便作出了在阿迪尔建厂的计划，这里是在苏格兰西部海岸，靠近埃尔郡阿德罗桑的一个偏僻的地方，诺贝尔选择这个地方，是因为那里既安全，又有发展前途。

为了设计这家他所经手的最重要的新工厂，诺贝尔把他的老朋友和亲密合作者阿拉里克·利德伯克请了来。利德伯克从 1865 年起，一直负责在温特维肯的瑞典工厂的生产。他曾帮助设计和装配了设在另外几个国家的黄色炸药工厂，并且为它们设计了某些最重要的生产仪器。因此，他是这家产业最内行的专家。

在阿迪尔工作过的一位瑞典工程师说过，阿尔弗雷德·诺贝尔在这家工厂开工的那天非常高兴，他在向苏格兰经理会讲话时，说道："好啦，先生们！我把这家公司交给你们了，这是一家即使在经理们管理不善的情况下，也必定会成功的公司。"

在19世纪80年代初期，阿迪尔工厂年产各种黄色炸药1000吨，硝化甘油1400吨，从这些数字可以看出，阿迪尔工厂是一座稳步发展的模范工厂。

阿迪尔工厂的原料和制成品从海上运输也十分方便，它在加诺克河口有着属于自己的海港码头，提供装卸船只使用，还有一条专用的铁路，同格拉斯哥及西南部铁路公司和喀里多尼亚铁路公司联系起来。

1877年和1880年，还分别在西区和雷丁穆尔建立了生产硫酸、水银雷粉、炸药点火装置及雷管等附属产品的工厂。由于政府管制炸药制造的规定非常具体，诺贝尔对这些工厂的要求也很严格，因此，在阿迪尔很少发生爆炸事故。

事实上，黄色炸药、爆炸胶和其他高效炸药在制造过程中的工人死亡事故，比起在煤矿中使用它们要少得多。在阿迪尔工厂的设计过程中，对生产炸药这种冒险事业可能发生的各种危险因素，以及对于保障工人安全的措施，都曾给予仔细的考虑。

诺贝尔喜欢雇佣当过兵的人，这是因为他们有较强的纪律观念和服从精神。在阿迪尔、西区和其他一些地方的工厂里，有相当多的工人是退役军人。

1873年至1893年间，英格兰所有的铁路都拒绝载运硝化甘油炸药。因此，从工厂到港口，以及自到岸港口至用户手里这两段有时还比较远的路程，只好用马车搬运，而"装载黄色炸药的车夫，则成为大路上的社会之敌"。

1876 年至 1886 年的 10 年期间，诺贝尔炸药公司每年都分发 12% 至 20% 的利润。对一家德国公司提出的令人恼火的专利权诉讼，得到了有利于诺贝尔的解决，从而使诺贝尔公司在以后若干年内，完全控制了英国市场。

对欧洲以外国家的大批出口业务也开展起来了，特别是对南非、澳大利亚、东亚和南美的出口大大增加，并且在那里成立了一些负责推销的附属公司。

在 19 世纪 90 年代的后半叶，英国开始从 19 世纪 70 年代初以来最显著的一次经济衰退中逐渐恢复过来。在这一期间的炸药贸易清楚地表明，它在这场衰退中所遭到的影响没有达到其他贸易的那种程度。因为这种商品在战争前、战争期间和战后的破坏和建设中都是需要的。

齐心协力创办公司

当诺贝尔为自己的研究事业艰难跋涉的同时，他的两个哥哥也都在为各自的事业努力着。

罗伯特开设的店铺专售陶器和石油灯。当时石油灯是一种很普遍的照明工具，因此他的店里不仅售油灯也兼售石油。

罗伯特先是从事灯油销售，但效益并不好，于是他就回了斯德哥尔摩寻找出路，见到了思念已久的父亲、母亲及弟弟。

也就是在这时，诺贝尔取得了硝化甘油炸药的专利，并开始生产。于是父亲和诺贝尔建议罗伯特从事这项事业。

罗伯特回到芬兰后，关闭了销售灯油的商店，建立了诺贝尔硝化甘油公司。由于他热心推销，经营有方，产品非常畅销。但由于爆炸事故不断发生，他也受到了严重影响，重新陷入了困境。

罗伯特为此感到很失望，他决定回弟弟的工厂。罗伯特主要负责制品销售和材料采购，因为路德维希的工厂是生产枪支的，而枪托必须用胡桃木这种特殊木材。但近处没有，所以，罗伯特必须到胡桃木的最大产地即里海沿岸的巴库一带采集。

罗伯特在巴库地区四处寻找胡桃木的同时，意外地找到了比胡桃木更有价值的宝藏，那就是石油。

在巴库地区，石油的蕴藏量很丰富，这早已不是件新闻了。此地的油田在世界史上堪称是最古老的油田。据希腊神话传说，普罗米修斯由天廷盗火给人类而被天神捆绑在高加索的岩石上，让老鹰啄食他的肝脏，流出的血汇集成了巴库油田。

在当时，巴库的石油未被重视，人们以为它毫无利用价值，俄国人所使用的石油大多从美国输入。因此，巴库油田几乎是荒废在那里，很少有人去开采。

罗伯特在巴库地区寻找胡桃木时，处处可见油井林立，他颇感兴趣。这大概是因为他在芬兰曾对石油的精炼下过一番工夫，所以多少了解石油的利用价值。他想，在这么广大的地区中，处处可见油田，想必它和美国加州一样，在地底下蕴藏着丰富的原油。

回到圣彼得堡后，罗伯特向弟弟提及此事。认为巴库将来会成为一个很大的产油地。而且，如果真有大量的石油埋藏在巴库油田里的话，那么，就可以一起改行经营石油事业。他们认为这是个好主意，愿意放弃目前的工作，投身于石油事业。并且预感到石油对未来的世界是一种不可缺少的重要物资。不久，两兄弟就到达巴库做初步的调查工作。

1875 年，罗伯特再度来到巴库，并买下了泰泽根这块他认为有发展前途的小油田，又在离巴库几公里的巴拉克哈涅附近租了一块空地，办起了小型炼油厂。没过多久，就取得了很好的效益，并在巴库站稳了脚。

路德维希不但有眼光，而且精干。当他看到工地上的工人们用双手挖井的情景，立刻设想制造一个挖井的机器，它不仅要能挖得深，还要挖得快。这种机器制造出来后，他们的石油产量迅速增加。

诺贝尔兄弟石油事业蒸蒸日上，不但成了石油巨子，还奠立了后来巴库石油工业的基础。罗伯特和路德维希共同经营的石油公司，由于全体同人的努力，业务发展很快。为了加大运输能力，路德维希先是设计了"阿尔巴士"石油专用车；后来又在巴拉卡尼和巴库之间铺设了输油管，使原油成本大为降低，利润也明显提高。

1877 年，在访问巴黎时，路德维希与阿尔弗雷德会晤，并表示希望阿尔弗雷德加入他们的石油事业。阿尔弗雷德对石油事业也比较感兴趣，也为他们进行了投资。

1879 年，诺贝尔兄弟石油公司成立了，总部设在圣彼得堡。由于七位机器制造业的商友投入了巨资，诺贝尔兄弟石油公司成了拥有 300 万卢布资本的大公司。阿尔弗雷德从此不仅是一位火药发明家，而且成了石油企业家。诺贝尔兄弟石油公司曾是诺贝尔巨额资产的重要财源之一。

这一年，罗伯特设计、定制了世界上第一条散装油轮"索洛阿斯特号"，投入里海航运。1878 年 10 月，诺贝尔的第一批照明油运抵圣彼得堡。

诺贝尔开始分析石油工业的方方面面，努力学习美国石油工业的经验。没用几年工夫，俄国石油已经迎头赶上甚至一度超过美国石油。

诺贝尔成了"巴库石油大王"，由他创建的高度一体化的大型石油联合企业很快就主宰了俄国的石油贸易。1884 年，俄国的石油产量达到 1080 万桶，几乎相当于美国产量的 1/3。

由于工厂业务繁忙，罗伯特的工作强度越来越大，身体状况也一天不如一天。路德维希多次劝哥哥不要太操劳。适当休息一阵儿，可罗伯特硬是坚持带病工作。1889 年的一天，他觉得头昏沉沉的，而且身上毫无力气；一开始他没在意，没想到在办公室里他终于坚持不住了，从此一病不起。

路德维希一个人挑起了沉重的担子。当阿尔弗雷德听说大哥病倒了之后，心里特别着急，担心哥哥的身体受不了，于是匆匆忙忙来到了巴库。见到弟弟从百忙之中赶过来，路德希维由衷地高兴。

路德维希便问阿尔弗雷德对石油的看法。阿尔弗雷德称赞说："真是惊人！能使巴库成为一个大工业区，实在出人意料。你实在了不起！"

阿尔弗雷德认为巴库能成为石油之城，俄国和欧洲的工业能迅速发展，都是起因于诺贝尔兄弟的石油事业。

1883 年，诺贝尔兄弟石油公司遇到了风暴。当时的石油价格比较低廉，工厂还意外地发生了大火！况且火势之大，很难扑救。在无可能的情况下，路德维希看着旋涡般的火焰凶残地吞噬着他们多年的心血。路德维希喃喃地说："都怪我，为什么没有加强防火意识呢！"

大火着了一天多，巨大的石油工厂片刻化为灰烬，路德维希呆呆地站着，痛心得差点晕倒。

工厂失火之后，在航海途中又有一艘油轮发生火灾而沉入海中。种种打击，使路德维希病倒了。

火灾使诺贝尔兄弟石油公司再一次陷入困境。"厂房重建，需要大量资金，该从哪里来呢！"路德维希犯起愁来。"怎么办呢？俄国政府不给贷款，私人集团更没指望，谁都不再相信我的公司会起死回生了，难道我彻底失败了吗？"

正当路德维希无计可施之时，阿尔弗雷德来信了。

"亲爱的哥哥，这场火灾，让人万分惋惜。您一定要保重身体，千万别灰心，我相信您有能力重新站起来。关于资金方面，我来解决，您不必担心。"

读了弟弟的信，路德维希喜出望外，为工厂重建忙碌起来。不久巴库炼油厂又恢复了以往的规模。

路德维希在阿尔弗雷德的支持下，诺贝尔兄弟石油公司不断发展壮大，并在石油事业上留下了辉煌的成果。

商战中申请专利权

对诺贝尔来说，有一个重要的工作就是保护他的发明。他要亲自办理这方面的事务，特别是那些化学专利权。

19世纪80年代，欧洲国家由于政治形势，急于得到一种威力更大、冒烟更少的炸药。

诺贝尔曾从事过改进老式炸药的工作，旨在创造一种效能尽可能大的民用矿业炸药。这时他自然而然地加入到了研制无烟炸药的行列。他通过闯赛璐珞物质这条路，经过8年的研究，达到了目的。

这种赛璐珞物质由同样分量的硝化甘油和硝化棉，加上10%的樟脑构成。诺贝尔认为，将这种赛璐珞装在火器里，它就会以缓和的燃烧率进行燃烧。

如果用这种物质代替黑色火药的话，这种缓和的燃烧是有必要的，而且比黑色火药优越得多：它产生巨大的力量，却不留下任何渣滓，而且是无烟或非常接近于无烟的。此外，它还可以无限期地储存，并且价格便宜。

自1887年至1891年间，诺贝尔取得发明专利权后，把他所发明的这种无烟炸药公之于世。

早在1875年发明的爆炸胶，是硝化甘油与硝化棉的混合物，而这一次的新发明却是通过结合两种炸药制成的新型炸药；而这种新型炸药又是不会产生浓烟的，除非在密集的岩层中，用数学般的精确控制来点火燃烧。

诺贝尔向法国炸药垄断组织"炸药与硝石局"申请这项专利，但因为同政界有势力的人士关系不睦，遭到拒绝，诺贝尔只好将视线转向了其他国家。

这个时候，最重视诺贝尔发明的是意大利，意大利政府希望能与诺贝尔建立商业往来。诺贝尔欣然接受了政府的要求售货给意大利。

法国陆军司令气势凌人，说："诺贝尔真是个危险的小人，他住在我国境内并且做起生意来，如今还想把重要的军事装备卖给其他国家。如果再不加以制止，恐怕利益将尽归他国！"他们决定要先下手为强！

向诺贝尔购买飞行炮弹的意大利政府进一步希望在国内制造这种新火药。于是要求诺贝尔出售专利权，并请教他制作方法，诺贝尔欣然应允，以50万里拉作为交换条件。

诺贝尔把火药制造法售予意大利。并建立了一个专门制造这种炸药的大型生产部，1889年签订了300吨的交货合同。

这件事当然会引发政治干预和法国人的激愤。报界对诺贝尔展开了猛烈的攻击。他被公开指控盗窃国家机密，被诬陷从垄断局炸药研究实验室里偷窃了机密。

法国陆军司令正式下令处置诺贝尔。他们决定以违反法国火药公卖法，封闭他的工厂，并将所有机械工具等一律没收。法国政府开始以如此卑下的手段对付一个对世界有伟大贡献的发明学者。

一天早上，警察突然闯入了诺贝尔工厂的实验室。

"这是怎么回事？"诺贝尔深感诧异地问道。"你违反了火药公卖法，现在我们要查封你的工厂。"警员念着查封书上的理由。

诺贝尔勃然大怒地说："真是笑话！什么叫违反公卖法？我多年来一直从事这一行业，曾给法国带来不少利益，你们竟来封闭我的工厂，简直无理取闹！"

"你不必多费口舌，我们只是奉命行事罢了！"警察们开始动手执行任务，诺贝尔向他们提出了严厉的抗议。"这是我私人的研究室，不属于工厂任何一个部门，你们擅闯民宅，难道不怕违犯法令？"

警察对诺贝尔的抗议毫不理会。他们一拥而入，把药品、实验器具以及小型大炮通通带走。

"真是无法无天、岂有此理！随便捏造一个罪名诬告我、破坏我的工厂，火药算什么？真正会遭受重大损失的是你们法国，我也不想逗留在这种国家了！"

诺贝尔受到坐牢的威胁，实验室又被警察搜查并封闭，拥有枪炮和进行试验的许可证被吊销，工厂里正在进行的混合无烟炸药的生产也被禁止，已经制成的试验用的炸药遭到没收。

在这种情况下，诺贝尔的正常研究工作中断了，他情绪沮丧、心情沉重，决定离开这个国家。

在拜访了哥哥罗伯特，并且到阿维利亚诺、阿迪尔和克鲁梅尔的工厂进行各种安排之后，1891 年，诺贝尔赶回巴黎，带着所有未被没收的实验仪器和私人财产，毅然离开了法国，迁居意大利。

诺贝尔由于无烟硝化甘油炸药，即混合无烟炸药的发明，引起了很多国家的浓厚兴趣。黄色炸药时代的老敌手阿贝尔教授也和诺贝尔成了好朋友。谁知，这却成了诺贝尔一生的遗憾。

1888 年，英国政府组建了一个炸药委员会，负责调查对军用有影响的炸药。

阿贝尔教授是这个委员会的成员，他以委员会的名义与诺贝尔联系，要求他将自己的发明尽可能完整、秘密地提交给委员会。从 1888 年秋至 1889 年秋，诺贝尔先后提供了混合无烟炸药的配方、生产方法、样品的完整情报。

阿贝尔教授研究诺贝尔发明专利权的处方后认为，樟脑的挥发性太强，是一种不适宜的成分。诺贝尔随后提出了用丙酮来作为替代物等建议。

阿贝尔又告诉他，不溶解的硝化棉比诺贝尔用的可溶硝化棉要好得多，可溶硝化棉的特性太变化无常了。

从此以后，阿贝尔不再将进一步的情况通知诺贝尔。他自己开始研究改良型炸药，最后取名为"线状无烟炸药"。

这项发明，立即在英国和其他几个国家登记了发明专利权。在英国的发明专利权移交给了国家，而在其他地方的，则作为发明者私人的财产，后来曾以可观的利润卖给了各国政府。

由于阿贝尔教授的声誉和良好关系，这项专利登记当时能够一度保密。在国家委员会的推荐下，阿贝尔使英国陆军和海军采用了线状无烟炸药，并且拥有使用它的独占权利。

当诺贝尔炸药公司取得诺贝尔的混合无烟炸药专利权后，向国防部提供其他的炸药时，阿贝尔的行径暴露了，线状无烟炸药是怎样演变出来的，也被当时的人们看清楚了。

诺贝尔公司自然把这件事看成是违背发明专利权的行径，并且提出了抗议。打算同这种身居高位、蓄意行事并且有恃无恐的对手通过"友好的诉讼"来解决问题。

1892年，诉讼案首先在平衡法院审理，1895年，被提交到上诉法院和贵族院，拖了很长时间，案件引起了轰动，英国的报刊也展开了热烈的辩论。

然而，经过大量的推断，所有的法庭都驳回了诺贝尔公司的索赔要求，并勒令其支付2.8万英镑的诉讼费。理由是在诺贝尔发明专利权的登记上，曾将配方含糊地写为"以可溶著称的那种"硝化棉成分，这被双方的证人和专家们用不同的方法进行了解释。最后，法院判决说，这种表达意味着不包括那些被认为是"不可溶解的"硝化棉在内。

但是，在案子的审理期间，诺贝尔的开创性工作也被人们普遍了解。诺贝尔也得到了精神上的补偿，当时的高等民事法官凯伊曾说过这样一段话：

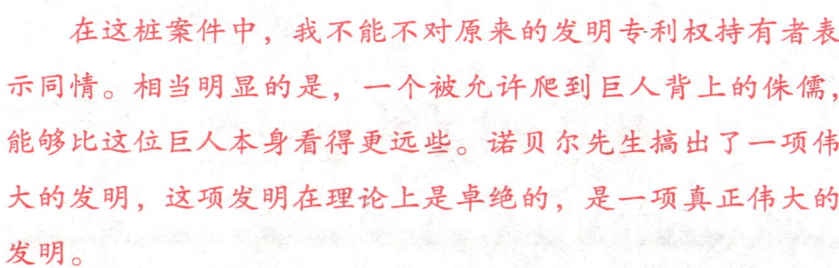

　　在这桩案件中，我不能不对原来的发明专利权持有者表示同情。相当明显的是，一个被允许爬到巨人背上的侏儒，能够比这位巨人本身看得更远些。诺贝尔先生搞出了一项伟大的发明，这项发明在理论上是卓绝的，是一项真正伟大的发明。

　　之后，一位聪明的化学家得到了这项专利品的详细说明，仔细阅读之后，发现实际上可以使用同样的物质，改用其中之一，就会产生相同的效果。

　　遗憾的是，想从诺贝尔先生那里拿走发明专利权的价值，却是办不到的事情。

诺贝尔对这场诉讼中的法律和官僚主义进行了尖锐的评论：

　　对于这场官司在金钱方面的损失，我可以不去注意，但却难以抑制我的极大厌恶。

　　人们说，牛奶洒了，哭也没有用，这件事也是如此。但一个国家做了非常不公正的事情，却不能不使我产生憎恶的感情。

　　一种健康的是非观念，不应该是从民众上达于国王，而应该是从最高点向下传布才对。整个线状无烟炸药诉讼的道德，正像哈姆雷特所预示的那样：国家法律中的某些东西已经腐烂了。

打造炸药商业帝国

19世纪70年代，诺贝尔的公司、工厂几乎遍及整个欧洲和美国，他获得了巨大的经济利益。为此，诺贝尔学习并精通几种语言，经常周游各国，长期待在国外。

诺贝尔常说："我的故乡就是我工作的地方，而我则到处工作。"但他深知自己是一位瑞典人，终其一生也没有放弃瑞典国籍。

在1865年至1873年期间，诺贝尔的家、实验室和事业的焦点是在汉堡。当企业有了大规模的发展时，为了更好地改组在西欧的企业，他迁居到巴黎。巴黎是欧洲大陆活跃的商业和文化中心，他对这座城市留有美好的印象。

40岁的诺贝尔在埃特瓦尔附近的上流社会居住区买下了马里科迪大街一座漂亮的小公馆，这也是他买下的第一座长期住宅。公馆装饰得大方、舒适，有雅致的会客室，漂亮的马车与马棚，还有一个设备良好的小实验室。他第一次聘请了一位私人助手弗仑巴克，而他自己的精力则集中于硅藻土炸药。

诺贝尔现在的本意是想献身科学，对他的发明进行改进。可是公司的庞大，最终使他成为一个严格的老板和大规模的组织者。

当时，诺贝尔公司正在同外部企业进行着激烈的竞争。虽然在生产中存在着很大的危险性，但他的工厂还存在一定优势。与其他工业相比，诺贝尔工厂的工资较高；安全措施及工人某些不寻常的社会福利在当时也处于领先地位。

在这种情况下，当阿尔弗雷德·诺贝尔活着的时候，他的工厂没有发生罢工或关厂的现象，甚至在危机时期，其他工业企业常常闹罢工的时候，诺贝尔工厂也没有这种情况。

不久，他的工厂之间也开始相互争夺市场，特别是在欧洲以外的国家，企业内部出现了不体面的竞争。这意味着在 1873 年至 1885 年间诺贝尔要不断取得合作与妥协，创立一个更加严格的组织。

管理机构的改组牵扯了方方面面的利益，在各个国家都表现出了不同的形式，这又一次体现了诺贝尔的精神。

在法国，1875 年，诺贝尔的所有工厂都转归一个新建立的"黄色炸药和化工品生产总公司"，总部设在巴黎，资本为 300 万法郎。诺贝尔还在巴黎成立了"黄色炸药制造辛迪加"，这家国际技术咨询机构为所有黄色炸药公司服务，由当时黄色炸药制造方面的一流专家、瑞典人阿拉里克·利德伯克负责。

同年，新公司"诺贝尔炸药有限公司"成立，拥有股金 24 万英镑。对于老公司的全部财产，均以股票的形式偿还；新公司的股票，还作为分红发给原来的股东，当然，如果他们愿意的话，也可以领取现金。

仅仅 4 年的经营结果，英国的黄色炸药公司的股票价值就增加了 10 倍，这是这些发明的重要性和产品受欢迎的明显证据。

这一时期，欧洲出现了大规模的企业合并。1886 年，诺贝尔组建了英德和拉丁两家托拉斯公司，为后来在工业和商业方面的大发展奠定了基础。

英国—德国托拉斯"诺贝尔黄色炸药托拉斯有限公司"总部设在伦敦，股金 200 万英镑，先后由 13 家分公司组成。诺贝尔负责了这项巨大的协调工作。

由于强烈的分散意愿，英德托拉斯经过长达 25 年之久的协议，获得了巨大的利润。第一次世界大战爆发后，强权政治停止了这个国际公司。

在后来的 1915 年，英德托拉斯的财产被各国的股东瓜分。英国的股票持有者再次从"诺贝尔炸药公司"，而不是从托拉斯领取他们的股票。这家公司在英国及其殖民地保存了很多附属公司。

同德国的情况一样，它在英国的工厂，现在被政府强行改变到几乎百分之百的军工生产，从而成为战争期间帝国防御和战斗力的一个决定性因素。

整个组织良好的国际卡特尔网，曾以其相互有利的协定服务于世界各个角落的和平工业，而现在也被拆散了。以同样的黄色炸药和混合无烟炸药专利权为基础的炸药工厂，实际上存在于每个国家。

其中很多完全为诺贝尔所有的公司，像其他国际公司的情况一样，由于命运的讥讽，出现了一种奇怪的局面。

在英国和其他所有协约国家，也包括美国在内的诺贝尔公司，有义务集合工厂与研究中心等一切为它支配的手段，来同在德国和其他轴心国的诺贝尔公司进行战斗；反过来说，情况也是这样。

一场工业上的总体战对总体战；双方阵营里没有任何一家公司知道，他们可怕的毁灭工具什么时候会将他们自己和他们所有的财富摧毁。对于大家的损失是沉重的，诺贝尔公司遭受的损失也不小。

1918 年 11 月停战之后不久，英国人在严重的衰退时期运用技巧，将以诺贝尔炸药公司为核心的整个英国炸药工业合并起来。他们所有的公司加上对手公司，总共 23 家产品各不相同但却有着同样利益的公司被合并到一家巨大的托拉斯"炸药贸易有限公司"。这家公司自己的历史学家把这称为"在英国炸药工业历史上最重要的发展"。

然而，几年之后它发现，诺贝尔的名字是有着商业价值的一块工业质量招牌，而且是这家托拉斯公司丢不得的一份历史和传统财富。

因此，这家托拉斯的名字在 1902 年改为"诺贝尔工业有限公司"，其股票资本为 1800 万英镑。此后不久，它的总部设在伦敦白金汉宫堂皇的"诺贝尔大厦"。

在 20 世纪 20 年代，这个集团包括 17 家经营炸药及其副产品的英国大型企业，加上生产无数产品的附属公司和工厂。这样一来，在它合并的第一年，在英国及其殖民地就有 54 家企业和 93 座工厂。

到了 1926 年，诺贝尔工业公司同 3 家英国大化学公司布伦纳与蒙德公司、联合碱业公司和英国染料公司合并在一起，形成新的强大托拉斯，即"帝国化学工业有限公司"。

从1939年至1948年这10年期间，包括第二次世界大战期间，帝国化学工业有限公司被强行变成了军工企业，这家组织受到了限制，一切都是在一座"玻璃监狱"里进行，生产日见萎缩。

自1945年至1953年这9年里，公司继承了诺贝尔的精神，克服了衰退、限制、缺少资金及货源等困难，重获生机。

现在，帝国化学工业公司这棵果树已经是枝繁叶茂、果实累累了。公司给予诺贝尔高度的评价：

> 诺贝尔公司总部为它的名字、历史和它的创始者诺贝尔感到非常自豪。这位大发明家是一位少有的天才与多产的发明者，是对于商务异常机灵的人，而且也是一个理想主义者。在阿迪尔的研究工作，仍然从他那里受到很大鼓舞。
>
> 如果我们回顾一下整个而不是在任何特殊地方有关炸药研究与发展的进程，那么，就会发现其真正的源泉，正是诺贝尔从1862年以来在利用硝化甘油方面亲自做的那些努力。

在世界其他方面，19世纪80年代，受到法国革命和美国南北战争的影响，广大的拉丁美洲成为新的经济增长地区。诺贝尔及时捕捉了这一市场信息。

在完成了他的重要新发现爆炸胶的研究后，在巴黎郊外的塞夫兰－利夫里，建立了一座更现代化的大型实验室。他打算在这个安静的地方继续他的研究工作。

然而，事与愿违，他在商务和组织方面的公务再次侵占了他的试验时间。

1881年，诺贝尔回到巴黎，对法国的企业进行了改革，使企业在未借贷也没增加资本的情况下，还清了全部建厂费用，积累了1000

万法郎的储备金。这为资助其他公司提供了方便。

1887 年，诺贝尔为调整拉美公司内部之间不健康的竞争，将法国总公司，西班牙、葡萄牙及瑞士和意大利公司，包括它们的附属公司整合为一个卡特尔，命名为"黄色炸药中央公司"。从它在巴黎的总部伸向遥远的地方，股金为 1600 万法郎，巴布是这家托拉斯的总经理，诺贝尔担任名誉董事长。

这个公司对于有关国家的原料和价格进行了控制。为了进一步保险起见，它还同伦敦英国—德国托拉斯一道，成立了一个调节价格和地区的总卡特尔。

1927 年，"总公司"改名为"诺贝尔法国公司"，其股金增至 2100 万法郎；30 年后，这家公司取得了三家法国大公司的多数股票，它们是烈性炸药总公司、塑料公司和雷伊兄弟公司，它所拥有的股金总额因此增至三亿八千万法郎。

1928 年，"诺贝尔法国公司"与一家同类的主要公司"波泽尔—马利特拉公司"合并，合并后的名字为"诺贝尔—波泽尔公司"。该公司在 1906 年拥有的股金达三十三亿八千三百万法郎，控制着法国阿尔及利亚和突尼斯的 18 家重要工厂，从事着 5 个主要方面的业务：电冶金、电解、工业化学、炸药以及技术制盐。

自 1887 年后的 70 年来，"黄色炸药中央公司"这家托拉斯，一直保持它作为有决定性作用的公司地位，资本也不断增加，而且在其他拉丁语国家的头号大公司，如"西班牙诺贝尔黄色炸药公司""意大利—瑞士诺贝尔黄色炸药公司"和"瑞士烈性炸药公司"等也拥有控制权。

在 1926 年后的几年里，中央公司在英国的"帝国化学工业有限公司"中曾经拥有大量控制权，后来又对杜科公司、伊索里尔公司等公司实行控制。

慈善之心

　　有三种简单而无比强烈的激情左右了我的一生：对爱的渴望，对知识的探索和对人类苦难的难以忍受的怜悯。

——诺贝尔

兴趣广泛的慈善家

作为一个发明家，诺贝尔具有高度的想象力，并能将这些卓越的想法落实到大胆的试验中。他的兴趣不仅限于炸药。仅仅在技术和自然科学领域，他曾涉猎过种类繁多的科目，如应用化学、电气化学、光学、机械学、炮学、生物学和生理学。

诺贝尔的创造力通常是一刹那间完成的，有时他甚至分不清哪些是空想的主意，哪些是划时代的发明设想，这一点很像他的父亲伊曼纽尔。

随着时光的推移，诺贝尔将很多想法都变成了专利发明，申请取得的发明专利权就有 351 项。

19 世纪 80 年代末，诺贝尔对于火器技术方面的兴趣越来越大，但与此同时，他又强烈地厌恶战争和暴力。最终，他变成了一位越来越强烈反对实际使用这些发明的人。

诺贝尔说：

> 就我这方面来说，我希望能把所有的枪炮、它们的附属物和一切东西都送到地狱里去，那里是展览和使用它们的恰当地方。

但由于对发明的热爱与执着，直到晚年，他的试验工作仍然在这方面，如含有硝化甘油的导火线、枪炮的无声发射、金属的淬火与焊接，以及海上救险用的一种火箭等。

他早年试图用与制造炸药紧密相连的原料，来制成橡胶、杜仲胶和皮革的代用品；在溶解于各种半挥发性溶解液中的硝化纤维素的基础上，研制各种油漆。

在这些发明的试验阶段，诺贝尔发现了很多硝化纤维素的新溶剂，它们对降低燃烧温度和腐蚀性作用非常明显，这种油漆，在作为现代硝化纤维素型号的油漆成分方面至为重要，通过帝国化学公司和 I·G 化学公司的许多产品闻名于全世界。

诺贝尔早期对合成橡胶制造的兴趣，对后来人造橡胶和人造革的制成无疑起到了推动作用。

硝化纤维素的另外一个用途是制造人造丝。1893 年至 1894 年间，诺贝尔在圣雷莫的实验室里，与瑞典工程师斯特雷勒纳特一道进行过这方面的试验。

他发明的细孔洞玻璃压力喷嘴，是用很细的白金丝穿进玻璃的溶液里，冷却之后，再用王水将白金丝腐蚀掉而制成的，这是将硝化纤维素或赛璐珞溶液挤压出来，然后硬化成丝状纤维所必需的工具。

人造丝商品，现在以无数种表现形式成为一种畅销世界的产品，自 20 世纪初以来，便由德国、英国、意大利和法国的一些大工厂生产。诺贝尔公司是最早与它们组成卡特尔的企业，诺贝尔曾提供过设计与资金支持。

诺贝尔还从事过改进电话、电池、电灯零件的试验，用融合矾土试制半宝石或全宝石，其中包括红宝石、蓝宝石等。这些探索性的工作为后来的发明家们提供了很多实际经验。

诺贝尔对其他发明家和工业家的支持也很多。在 19 世纪 80 年代，当他的哥哥路德维希处于俄国石油工业的困境时，他就提供过有效的财政援助和工业技术支持。铺设从产油地到装运港口的输油管的创意就是他提出来的；原油提炼和蒸馏技术革新，以及利用石蜡照明技术都是基于他的专利发明试验而成功的。1882 年，他提出的"在某些船上用爆发性发动机代替蒸汽机"的建议，已经预见到石油产品能作为燃料的另外一种用途。

1895 年，他同瑞典工程师鲁道夫·利烈可维斯塔一道，在崩茨佛斯建立了一座电气化学公司。这是瑞典的第一座生产电镀产品、工业及医药用化学品的工厂，后来发展成为拥有几座工厂的大企业。诺贝尔对利烈可维斯塔很信任，在起草自己的遗嘱时，他指定利氏为执行人之一。

年轻的瑞典工程师伯格尔·里扬斯特罗姆和弗雷德里克想用自己的发明来谱写工业历史，诺贝尔给了他们一笔财政支持。受到资助的设计包括带加快轴的斯维自行车以及一种大马力蒸汽锅炉。此外还有许多发明，例如空气预热器、蒸汽和燃气涡轮、涡轮机车等，这些发明通过斯文斯卡涡轮机制造厂向全世界提供产品。

1890 年，诺贝尔对当时采用新技术的输血非常感兴趣，他资助了一位有希望的年轻科学家约翰森，让他在巴黎的塞夫兰实验室里进行了 6 个月的试验，此人后来成为了斯德哥尔摩罗琳娜医学院教授。

诺贝尔还考虑建立一座医学试验研究所。他认为："如果此事可行，将会取得很多预想不到的结果。"同年，他拿出了 5 万克朗，捐助罗琳娜医学院建立一项罗琳娜·诺贝尔基金，供各科试验、医学研究、出版上述研究成果及辅导这种研究之用。

1896 年，诺贝尔向瑞典的气球驾驶者安德烈乘坐气球到达北极的计划提供资助。他向这一计划提供大量资助的理由是："如果安德烈到达他的目的地，或者假如他只飞到半路，

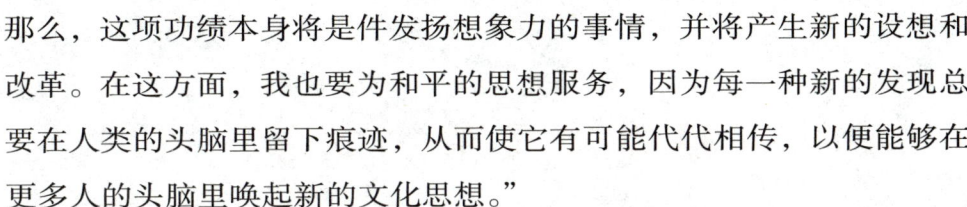

那么，这项功绩本身将是件发扬想象力的事情，并将产生新的设想和改革。在这方面，我也要为和平的思想服务，因为每一种新的发现总要在人类的头脑里留下痕迹，从而使它有可能代代相传，以便能够在更多人的头脑里唤起新的文化思想。"

诺贝尔对通过空中摄影进行勘测和制作地图也表现出了兴趣，建议用气球或飞弹来实现这一目的。他在去世前4个月还饶有兴趣地说道："我打算将一个带着降落伞、照相机和小钟表或计时引线各一件的小气球送上天。在适当的高度，气球将自动放气或者同降落伞分开，然后，在降落伞逐渐下降时，照相机就拍下照片来。"

诺贝尔清楚地预见到，未来的空中交通应该由推进器推进的飞机来实现。他的助手和朋友拉哥那·索尔曼后来在评价他时说："当精读诺贝尔的专利发明目录时，那些抱严重偏见的人，毫无疑问将会找到很好的理由来怀疑诺贝尔的技术判断力。在那些严肃的技术家和工业家看来，他的很多思想只不过是心血来潮和异想天开而已。

"但是不要忘记，被现代技术家们这样认为的很多想法，曾被诺贝尔在实际中加以实现并成为最重要的东西。人们也不应该忘记，他的另外一些设想已经被应用到与他本人设想不同的别的方向或领域。在他丰富的思想方面，这位天才的发明家就好像大自然在培育新的种子那样，一点都不吝啬。"

诺贝尔有一次自己也说："如果说我在一年之内有一千种设想，而其中只有一种结果是好的，那么，我也就满意了。"

挚爱父母的大孝子

诺贝尔稍有空闲就想起远在故乡的父亲。

老伊曼纽尔的病情，始终是时好时坏。虽然看过不少医生，罗琳娜也寸步不离地悉心看护，却仍没有任何起色。

罗琳娜好容易才得空给儿子写了封信，那时，伊曼纽尔已卧病在床半年了。

信里所写的，都是伊曼纽尔的病况：这 6 个月来，你爸爸每天都躺在床上，就是翻个身，也非要有人帮忙不可。你想，对你爸爸那样好动的人来说，有比这个更痛苦的事吗？

两个月后，父亲的亲笔信也来了。在信里父亲自叹病况少有起色，且又诉苦说"没钱接受适当的医治"。

读到这里，诺贝尔不禁掉下眼泪来。"把一生贡献给发明并培养我成为发明家的爸爸，如今竟落到这个地步！"

那时，诺贝尔正要创办又一家公司，为了奠定事业的基础，再多的资金也觉得不够用。因此，他手头上没有可以自由支配的钱。

"可怜的爸爸，我得立刻给他想个办法。"他东奔西走地筹措款项，终于出售了几股瑞典硝化甘油公司的股票。另外，又把挪威的专利权也出售了。

诺贝尔出售专利权，可以说是空前绝后的事。"如果爸爸能康复，任何牺牲也在所不惜。"父母在接到他的汇款后不久，便毫无顾虑地到温泉去疗养了。

诺贝尔的母亲写给娘家的信里，有这样一段："我们的爱子诺贝尔真孝顺，幸亏有他，我们俩才能够住在这里，天天无忧无虑地洗着

温泉浴。"

老夫妻俩在斯德哥尔摩能够过着安宁的余生，完全是靠诺贝尔每月汇来的钱。伊曼纽尔尚不能写信，可是，健康已恢复了不少，这实在是可喜的事。

失去活力的伊曼纽尔全靠幻想来打发病床生活的无聊，因此，等到他稍能动手写字，处理身边琐事时，便把几年来深思熟虑的见解写出来，集成一本小册子《为缓和失业所带来的移民热而创设的新产业案》。

每逢圣诞节和双亲的生日，诺贝尔一定给父母送些珍贵的礼物来，这已成为诺贝尔的惯例。倘若没有空闲，不能亲自来，也一定派人送来，顺便代向父母请安。

"这个孩子，时常惦记着我们呢。"母亲的眼中不由得充满了泪水。

这天晚上，老父亲以满腔的喜悦写信给诺贝尔。

爱儿诺贝尔：

今天早晨，我们正喝茶的时候，接到了你的贺电。圣诞节17时，你忠实的仆人雷多贝克带着你送给我们的珍贵礼物来了。

我们在一起过得非常快乐。

诺贝尔，我们从心底遥送本年最后的拥抱给你。

深深感谢上帝，孩子们都这么体贴，使我们忘记人生的悲哀。

不料这封信，竟成为了父亲给儿子的最后一封信。1872 年 9 月 3 日，父亲伊曼纽尔逝世，享年 71 岁。

过去的日子虽是波澜起伏，可是一生热爱自己的工作，把生命倾注于工作的伊曼纽尔终究还是个幸福的人。诺贝尔心中的故乡不是瑞典，不是斯德哥尔摩，而是住在斯德哥尔摩的慈母罗琳娜。

对诺贝尔来说，母亲是世界上最美丽的女性之一。另一位，是他年轻时所钟爱的少女，可惜，含苞未放就去世了。现在，他所爱的女性只有母亲一个人而已。

"再过几天，就是 9 月 30 日。"诺贝尔在研究室这么想。那天是母亲的生日。每逢母亲的生日，他都会尽量设法回国。母亲在故乡、在亲戚朋友围绕中，过着安宁快乐的日子，她以"名人儿子"回家探亲为最大的安慰。

"你瞧，这是诺贝尔特意从巴黎送来的东西。"罗琳娜总喜欢把儿子送来的圣诞节或生日礼物装饰在自己的房间里，一面给来访的客人欣赏，一面谈着在巴黎的儿子的事情。

"我的日子过得倒是舒服，遗憾的是不能随心所欲地到巴黎去看你。"母亲在信上时常这样惋惜着。

因为诺贝尔的汇款充足，所以，母亲也常接济贫困的人，并且把这些事写信告知她引以为傲的儿子。

爱儿诺贝尔：

自奥贝尔汇来的 300 克朗今天已收到了。你的孝心始终不变，我非常感动。

托你的福，我才能够给生活穷苦的人一点帮助。我时常设法采购生活必需品送给他们。也因为这样，所以把你寄来的钱都花光了。

母亲的信，是无话不说的，圣诞节母亲的来信如下：

继贺电之后又接到所期待的来信，我的心情真是无法以笔墨来形容。每年圣诞节你所送来的那些美丽珍贵的礼品多得送不完。孩子们和老人们都高兴极了。

承你的孝心，今年夏天不必动用银行的存款也足够开支，这是你辛劳的成果，我非常感谢。我现在愉快极了，你不必惦念。祝愿你身体健康。

罗琳娜一直享受着儿子的孝敬，在 1889 年心满意足地离开了人世。母亲逝世后，留下了 84 万克朗。这笔巨款，都是诺贝尔寄来的。

诺贝尔把这笔款项的大部分捐给了瑞典的学校、公共团体、慈善事业。其余的分别赠给母亲的娘家及在病床边看护母亲的贝蒂·妮玛姆。

而他本人，则很珍重地带着母亲的遗照和母亲平日喜爱的东西，回巴黎去了。

母亲去世后，诺贝尔日益孤独，尽量避免世间的纷扰。

居无定所心系祖国

从 1865 年离开瑞典之后，诺贝尔第一个比较稳定的住所是德国汉堡的克鲁梅尔。

那时，诺贝尔刚来克鲁梅尔投资办厂，生活还不富裕，他在离工厂不远的地方建了一栋平房作为他的家。

在这所房屋内，最重要的设施却是实验室。诺贝尔在这里断断续续地工作和生活了 8 年。

诺贝尔的第二个相对稳定的住所是在苏格兰的一处荒僻的海滨阿迪尔。

也像在克鲁梅尔一样，诺贝尔在阿迪尔工厂附近建了一栋作为住所和实验室的平房。普法战争期间，诺贝尔一直工作和生活在这里。

诺贝尔的第三个相对稳定的住所在巴黎。那时，诺贝尔成为了一个巨富。他在巴黎富人区的马里科迪大街购置了一栋豪华的寓馆，同时也在这里设立了实验室，聘请了助手和男女仆人。

诺贝尔曾在这座公馆内筹措他的公司和工厂的发展计划，继续进行各种新发明的实验研究，同时也处理那些没完没了的专利和商务纠纷。

可是一段时期后，诺贝尔觉得那里设置的实验室太小，所以，在 1881 年在离巴黎不远的地方塞夫兰又建造了一所实验室。

诺贝尔在巴黎的寓馆断断续续工作和生活了 18 年，这些年是诺贝尔一生的愉快时期。

诺贝尔在这座公馆内会见法国上流社会的各种人物，举办他感兴趣的各种沙龙，招待从俄国和瑞典来的亲友，向他的妈妈和其他亲友

汇款和寄送各种礼物。

在巴黎期间，流传着不少有关诺贝尔的逸闻趣事。有一次，被他聘为厨娘的一个法国姑娘告诉他，说她要辞职去结婚。

富于同情心的诺贝尔问这位法国姑娘要他送点什么结婚礼物。

这位聪明而机灵的法国姑娘提出：别的都不要，只想要"诺贝尔先生本人一天所挣的钱"。

这个请求可难倒了诺贝尔，因为诺贝尔本人也不知道他一天挣多少钱。然而，诺贝尔是一个答应了的事就一定要办的人，于是他经过几天计算之后，算出他一天大概能挣 4 万法郎。

这样，诺贝尔就把 4 万法郎作为结婚礼物赠给了那位姑娘。据说这笔钱在当时仅靠利息就可以让这位姑娘舒服地过一辈子了。

后来，诺贝尔因将炸药的专利权转给别国，惹起法国的不满。

当时法国报纸猛烈攻击他，于是，诺贝尔离开这个国家，离开了这座 18 年来他感到自己在其中有了一个家和定居点的城市。这在他的生活中，是另一个决定性的十字路口，他所采取的这一步，自然也有着广泛影响。

诺贝尔于 1891 年迁居意大利。定居在波嫩特河畔的圣雷莫。

诺贝尔在那里建起华丽的实验室和一所别墅，还建有一处伸向海洋进行实弹射击的大型试验场，并命名为"我的安乐窝"。有一次，当诺贝尔的朋友，汉堡公司的总经理古斯德福·奥夫施拉格开玩笑地指出"在一个窝里应该有两只鸟生活才对，而不能只有一只鸟"时，诺贝尔便将它改名为"诺贝尔别墅"，这个名称一直流传到现在。

在圣雷莫，虽然仍免不了经常到巴黎、汉堡等地去处理一些事务，但诺贝尔比以前有了更多的时间来搞发明、研究了。在圣雷莫的几年里，诺贝尔又做了许多研究，又有了许多新发明。

无烟炸药的研究仍在进行，同时诺贝尔更深入地研究了枪弹、炮弹发射的一些基本原理，以改进无烟炸药。并在民用产品的研制上投注了很大的精力。

1894 年，他又购买了伯弗尔斯的工厂，后来他将柏格博的一所旧庄园加以修葺，预备在那里终老。关于装修的事，他托付给他的侄儿海尔马·诺贝尔。

诺贝尔在这里工作和生活的时间并不长，只是在他去世前几年才偶尔在夏季来这里居住。

诺贝尔去世后，出现了这样一个问题：他的住所在哪里？法国、意大利还是瑞典？最后确定为伯弗尔斯。这个结论除法律方面外，从感情方面来说也是符合事实的。

诺贝尔和同代的许多人一样，自认为是四海为家的人。虽然他没有考虑这个问题，但他地地道道是一个瑞典人，不过他可以说是一个世界公民。

诺贝尔自从 9 岁离开瑞典后仅偶尔回来过几次，全部生涯都是在外国，如俄国、德国、法国、意大利度过的，但是他在这些国家总觉得生疏，而对瑞典却保持着真挚的感情。

诺贝尔同样密切地注意瑞典的文学和文化，家乡发起为科学事业募捐时，几乎常常有人请他援助，并且很少有人会失望。瑞典侨居国外的人也常常向他求助，他也是一位保护人。

社交旅行只为工作

在很多关于诺贝尔的虚构著作中，有一本书的名字是《无人知晓的人》。由于诺贝尔即使在做出很多发明而变成世界名人、他的企业变得异常巨大，他自己也变为一个富翁之后，他仍然不喜欢出头露面。因此，从这个角度上讲，这个书名是无可非议的。

不管是在他间隔访问的祖国，还是在他安家落户的其他国家，他大体上保持着不为广大公众知晓的情况。

对于他的同代人来说，他们对于一位"工业大王"或"大资本家"，应该具有怎样一种仪容和举止，或许有着先入之见和老套概念。

毫无疑问，会对这位居住在马里科迪大街的个子矮小、皮肤发灰的人感到失望。

诺贝尔既不会虚张门面，也不会大摆架子，而是以自己的风度轻轻地走来走去，他自己几乎不注意讲究或奢侈，对他周围的东西和服务要求也不高。邻居们和走路的人只看见他把自己包在马车上的毛毯里。

每天清早，几匹养得肥壮的马都拖着马车，以轻快的脚步驰向在塞夫兰的实验室；或者在每天下午回家的路上看到他，不过很少有一个固定时间。

由于诺贝尔的职业关系，他经常在异常偏远的地方进行研究和实验，因此，他实际上很少到餐馆去。在这种情况下，同其他人交往的机会也就少得可怜。这并不意味着他是一位隐士，他所受的全面教育和对各种学问继续保持的敏锐兴趣，使他不可能成为这种人。

但是，无论他在巴黎、阿迪尔还是在圣雷莫居住期间，他经常单独进行自己的部署，并且隐没在遥远的旅途上，这就意味着他在自己的家庭环境里，以他的生活方式成为一个受人注意的人。

另外一方面，在 19 世纪的七八十年代期间，诺贝尔在柏林、巴黎、维也纳、伦敦和汉堡的某些大工业间与金融界，是如此赫赫有名，以至于他不可避免地成为被注意和尊敬的中心。同样，这种情况所包含的不方便也就难以避免了。

在这些特定领域里，对他本人作为一个参谋人、金融家、赞助人和许多别的角色，为什么会表现出那么大的兴趣来，这是有着很多理由的。

但是，由于诺贝尔的名字经常是公司名称和炸药商品的一部分，这就难免要同硝化甘油和黄色炸药不时从中起作用的受到广泛宣传的故事、暴行以及同诉讼和同国家与地方政府的纠纷等联系起来。

因此，有时候这个名字被用不愉快的口气叫出来，正像我们已经知道的那样，这种情况是经常发生的，而且感情是高度激动的。这只能把这位敏感的人更深地赶进他的壳里——也就是他的工作中去。

那么，难道这位杰出的人就不需要朋友、休息和娱乐了吗？答案是需要，但他只是在经过仔细考虑之后，以他自己的方式出来活动。

在交友方面，诺贝尔很特别，而且经验使得他那么多疑，以至于能够算得上朋友的人寥寥无几。他们是经过考验的，并且还要继续经受考验，而这是需要时间的。

从他早年起，所结交的朋友有西奥多·温克勒、阿拉克里·利德伯克、卡尔·奥伯格、阿道夫·阿尔塞尔·诺登舍尔德和索尔斯德·诺登费尔特等人。

此外，还有他的侄儿伊曼纽尔·扬斯特罗姆兄弟，以及拉哥那·索尔曼等他后期交往的一些朋友。

对诺贝尔来说，休息是生活中无关紧要的一件小事，因此，同工作相比休息安排得很不合理，并且显然只是在绝对需要的情况下，才进行休息的。当技术上的劲头促使他继续干下去的时候，他是不允许休息来侵犯工作的。

至于娱乐和公认的那些取得乐趣的活动，诺贝尔虽然广泛熟悉，但却更加是一个消极的旁观者，而不是一个积极的参加者。

朋友们曾经谈过平静的赞许和慈祥微笑的诺贝尔，却没有提过他的兴高采烈和放声大笑。看来在他的整个一生中，他始终恪守自己年轻时的意见，认为消遣同宗教一样，是通过研究自然的伟大课题来取得的。他在这方面始终有着浓厚的兴趣。

在诺贝尔那难以驾驭的工作热情中，他既不是为了追求诸如名誉和黄金之类人们常想达到的目的，也不是为了争夺权势，更不在意有了这一切后就会有的奢侈的生活方式。也正是由于这个原因，几乎没有什么东西能够诱惑他。

在他一生63年的生活中有40年主要是由三种不同的活动来填补的：

其一是技术试验工作。这项工作吸引了他一生的兴趣，在这方面他是得心应手的。

其二是实业事务和组织工作。在这方面他由于有自己的专门知识而恰到好处，但却认为这仅仅是一种必要的东西。然而，由于它的复杂性，又是一种令人讨厌的祸害。

其三是旅行。这是出自另外两件活动的需要。虽然在他那个时候，旅行是件疲劳和不舒服的事，但对他这种不肯休息的性格来说，却是非常相宜的。

因此，他好像除了工作以外，就根本没有时间来做别的事情，但是这种观点，由于下面的考虑而有所缓和。

诺贝尔的发明和实业事务工作，以及同外部世界有关联和影响的一切，大部分已探讨介绍过了，没有谈到的只是他的旅行。这些旅行已经不时地在文字上显示过，但却从未仔细地加以叙述。

诺贝尔的旅行在当时来说，不仅次数频繁，而且范围也是异乎寻常地广泛。如果我们查阅他的书信和账簿，检查他的图书和与他本人有关的证件，就可以看到他的几个新的生活侧面。

原始材料和无数电报与信件的内容，说明这些旅行都是有充分计划的，经常包括在某处著名的温泉场或疗养地逗留一段时间。这就是诺贝尔所进行的休养尝试。

诺贝尔的休息是通过交换一下景色进行的，但对于他正在设法解决的那些问题，却一点也没有放松。虽然他经常表示愿意丢开工作完全休息一下，然而却一直做不到。许多问题都在到处陪伴着他，而他在旅途中写的书信，一点儿也不比在家的时候少。

在 1866 年至 1896 年间，他曾多次去过一些欧洲的疗养地，停留的时间长短不一；他更喜欢到德国、奥地利、法国、瑞士和意大利各地去旅行。冬天他到南方去，夏天则到北方去。

正像人们所料想的那样，这些地方通常是在他的几座工厂和公司总部的旅途之间，而他则通过周密的思考，把那里当作歇脚的地方。

因为他有许多不寻常的疾病，因此，在他的旅途中，他常常去找一些被人推荐，但他却并不信任的专家们来治疗这种或那种病症，但他只接受诊断检查，却从不坚持治疗，也许在开始治疗之前，就对这些专家们进行挖苦性地批评了。

书信表明，诺贝尔经常因为同某个人有约会而出现在一处疗养地，例如，要见住在遥远的圣彼得堡的哥哥路德维希，或者他有事与之相谈的某工业大王。

诺贝尔经常去访问德累斯顿这座美丽的小城，因为他曾说过：

"它始终是我最喜欢的地方，我愿意回到那里去。"

但对他这种喜欢的真正理由，则不甚了解。奥地利时髦的温泉伊斯什尔，是他在19世纪80年代至90年代最常去的地方，只是因为他所珍爱的那位年轻的女人而不时住在他在那里买下的一座漂亮的别墅里。

诺贝尔在伊斯什尔得不到休息，在那里的逗留并不能带来有利于身心健康的自由。

从19世纪80年代末起，诺贝尔在苏黎世的湖上有一只自己设计的小巧美观的游艇，这是世界上第一只完全用铝制成的游艇。

在19世纪90年代初期，诺贝尔这位60岁的老人，在这个群山环绕的湖面上，同各种客人坐在游艇上。他们穿的是浅色衣着，而不是乘坐游艇的服装。

在这类游览中，他有一次曾照过一张相片，这是唯一保存下来的一张可以看到在假日里满意地微笑着的诺贝尔的照片。

诺贝尔经常利用旅行作为拒绝参加一些大型正式活动的借口，因此，他不时匆匆忙忙地外出做一次小的旅行，以便躲避这类事情。

由于出自礼貌，特别由于他是一位考虑周全的人，他当然也不能全部躲避这些活动。请柬和感谢信表明，有几次他曾是法国总统朱尔斯·格雷维在爱丽舍宫招待的客人，并且被安排在非常显著的座席上。

从一封信上看出，诺贝尔有一次曾因为没有被邀请出席一项公共活动而表示不满。这就是在1882年春天举行的圣哥特哈德铁路的正式通车典礼。

诺贝尔对此很感兴趣，因为在完成这项巨大工程的过程中，技术上获得成功的最有决定性的因素之一，就是他的新型爆炸胶。

诺贝尔用下面这段话来发泄他的愤怒：

"据谣传，由于加速完成这条铁路，黄色炸药和炸药胶的费用仅在利息方面就给它省了好几百万，但这一定是个误会，因为要不然的话，即使最没有教养的乡下佬，也不会忘记给我送一份出席典礼的邀请书。"

在诺贝尔的时代，乘火车长途旅行并不舒服，而是充满了颠簸、煤烟和灰尘。他把那狭窄的车厢称为"我的转动的监狱"。他乘坐头等车厢旅行，这一方面是为了不受干扰，另一方面则因为他晕车，并且因为他很瘦，需要有软席座位。

每当冬季，在一些大城市里，他不住在那些大型的豪华旅馆里，而是找那些名声好并且安静的旅馆住。

然而，每当夏季，在那些水乡城市，他则摆摆阔气，总要在最好的旅馆里要一个套间，而且喜欢窗户对着广阔的湖水、公园或者花园，但必须是在背阴的一面。

诺贝尔非常喜欢花儿，在他为自己修建的 3 座私人实验室的院里，没有一座不带有一个管理良好的花园。

诺贝尔喜欢空气流通和宽敞的屋子，并且非常讲究个人卫生；讨厌拥挤和狭窄的房间，以及不整洁的状况。从他的言语来判断，人们可以设想，他可能患有轻度的幽闭恐惧症。

由于心脏毛病带来的反应，他还惧怕自己出现假死的情况而被活埋，他经常在信里谈到这一点，甚至在遗嘱里还提到它，并且还作了详细的指示，防止在他死的时候出现这种情况。

诺贝尔是位眼光敏锐的旅行家，也是一位对天下事善于鉴别的观察家。在他的书信中，包含着如何对他访问过的地区的自然资源进行商业和技术开发的建议，并且对一些温泉地区的风景和内部情况作过

描述。

诺贝尔对上流社会的周围事物和类型所作的直率、尖锐及非常有趣的评价，以及对特鲁维尔、卡尔斯巴德或者圣莫里茨等鲜花之城的生活所作的描述，都是相当精彩的。

诺贝尔在他的整个一生中好学博读，对一般知识也渴求了解。

每当旅行的时候，诺贝尔似乎比平时更自由地去做他喜欢做的事情，而且总想把自己的观感告诉别人，不管这些细腻的观感是使人高兴的，还是使人扫兴的。

诺贝尔在旅途中，喜欢欣赏海洋，沐浴清风，眺望星空和沉醉于大地的芬芳，但却不喜欢同人们交谈。

说不清的梦幻苦恋

诺贝尔的初恋发生在 1852 年游学巴黎期间。有一天，他认识了一位在药店工作的美貌少女。他们一见钟情，在纳塞尔湖畔的林荫道上，在公园的长凳下，留下了两人甜蜜的回忆。

不幸这位少女染上疾病，突然离开了人世。诺贝尔痛惜不已，自此后他立志献身科学事业，并与之终身为伴。

诺贝尔发明爆炸胶之后，从不知疲倦的他这时也有了如释重负之感。他把自己的寓所重新装饰了一番，又请来一名巴黎著名的室内装饰师，委托他给楼上空着的房间都配上家具。

诺贝尔看着装饰一新的房间，感到缺少一位有教养、会应酬、办事干练得像女主人一样的女管家，最好这位女管家能身兼二职，把秘书的工作也能顶下来，因为他同时迫切需要一名秘书。

诺贝尔觉得用一个人总比用两个人少些麻烦，如果找到一个集女管家、女秘书、女主人于一身的合适人选，付再多薪金他也在所不惜。于是他想在欧洲的一家大报上登广告。

从哪个国家有希望聘请到这样一位理想的、称职的女士呢？诺贝尔首先想到了奥匈帝国的首都维也纳，那里的年轻妇女有教养，尤其擅长外语。虽说去维也纳的机会不多，但每次去都给他留下良好的印象。

但是，当诺贝尔真的要动笔写广告时，却意识到这样的广告很可能会使他陷入一个被人误解的危险境地，而不由自主地产生了一种恐惧感。这个广告容易被人看成是一个中年阔佬想找一个廉价的姘妇，要不然就是一个老光棍不择手段急于要找个配偶。要避免这两方面的嫌疑都很困难。

诺贝尔左思右想，脑子里突然闪出一个有趣的念头：以往自己一向迷恋于科学发明、出售专利和组织生产，生怕有人打扰。在接触异性中经受创伤的他，尤其对女人总是若即若离，现在，如果自己做一次这样的冒险，说不定会使他得到命运不肯给他的东西。

第二天，诺贝尔把广告稿寄给了奥地利王朝最大的一家报社《哈布斯王朝》。他在广告中说：

居住在巴黎的一个有钱的、受过高等教育的老绅士聘请一名懂得几种语言的成年女士担任他的管家兼秘书。

信件发出后，诺贝尔产生了几分好奇心：有谁会来应聘呢？她们是怎样理解广告词的呢？她们会抱着什么目的来应聘呢？

尽管要求很高，但应聘的人数比预期的要多，而且都自信能够有资格担任诺贝尔的秘书。当然，这当中有许多人是自作聪明，事实上能懂几门语言的人也是很少的。

其中有一封用法文写的信引起了诺贝尔的注意。这封信的署名是贝莎·金斯基伯爵，她是个贵族出身的奥地利人。从她愿意应聘来巴黎担任这一工作来看，这个古老的贵族世家到她这一代已经衰败，要不，她可能是一个冲破一湾死水而漂泊异乡的流浪女。

她的法文写得很出色，不论是文字还是语法上都无懈可击，在谈到自己已 33 岁还是独身时尤其显得率直而庄重，文字间没有丝毫轻浮的流露。

诺贝尔决定在聘用之前对她作更深入的了解。经过了解和接触，贝莎·金斯基以诺贝尔秘书兼管家的身份走进了诺贝尔的生活，使他的爱情之火死灰复燃。

诺贝尔对贝莎一见倾心，渴望她成为女主人。贝莎虽然对诺贝尔

亦有敬慕之情，无奈已心有所属。贝莎趁诺贝尔不在家时离开了，上车后给诺贝尔发了一封快信，向他表示深深的歉意。

诺贝尔为贝莎感到惋惜，自己也十分懊悔。贝莎本可以成为他理想的管家兼秘书，甚至在个人的婚事方面也会使他如愿以偿，他将会得到一个漂亮的、有教养的伴侣。而贝莎的离去不能不使诺贝尔终生感到遗憾。

1876年秋，诺贝尔在一个偶然的机会，认识了一家花店的非常美丽的年轻女店员。她自己介绍说她的名字叫索菲娅。

索菲娅看着绅士模样的诺贝尔，只是想急于知道他的职业。诺贝尔故意叫她自己先猜，看来她并没有受过什么教育，她猜得完全离了谱，这使得诺贝尔乐不可支。

他诙谐地提示说他是一个发明家，能在最短的时间毫不费力地杀伤很多的人。

话一出口，吓得索菲娅一愣，不过马上又缓过神来说："既然你是发明家，那你一定很有钱呀！"这回索菲娅倒是说对了，但她哪里知道诺贝尔会比她想象中有钱得多呢？

这时，诺贝尔感到从未有过的轻松。于是诺贝尔向索菲娅问起了她的身世。虽然索菲娅家世寒微，以至几近于悲惨，但她倒也不忸怩，很直率地向诺贝尔道出了身世。

诺贝尔听她讲完，认为她是一位非常诚实的姑娘，没有丝毫保留，同时也感觉到，她的生活是那样的凄凉，不禁对她产生了怜悯之情。

不知不觉中，诺贝尔与索菲娅在一起度过了一个愉快的下午，尽管索菲娅谈到的尽是些烦琐的小事，而诺贝尔却从没有这样认真地听别人讲述过，他竟为自己表现出来的耐心而惊讶。

虽然诺贝尔有很多事要做，但他还是多停留了一天。第二天，诺贝尔把索菲娅带到了珠宝店，她不假思索就挑中了店里一只最漂亮最贵重的手镯，看到她有这样的好眼力，他感到很高兴。

一回到巴黎，诺贝尔就置身于繁杂的事务之中，但感情上的牵挂常常萦绕心头，占用了他越来越多的时间。他现在经常要到奥地利和德国去，每次往返他都要专程去看望令他难以忘怀的姑娘。诺贝尔送给了索菲娅相当大的一笔银行存款。她辞去了花店的工作，定居在维也纳。

诺贝尔无意在两人间建立亲密的关系。他把自己对她的接济只当作一次善举，希望她能有一个满意的归宿，希望她用他的接济充实和提高自己，改变个性中的缺点，得到一种比较好的生活方式。

诺贝尔认为，索菲娅个性中的致命缺点都是由于家境贫寒造成的，所以，他除了给索菲娅数量可观的钱财外，还不时接济她的父母亲，特别是她那嗜财如命的母亲。

对于索菲娅来说，她幻想中的奇迹已经成了现实。她希望得到诺贝尔的爱，像她所知道的那种通常人所表达的爱。后来，她发现他虽然受人钦佩和尊敬，却没有属于自己的爱情，过着孤独的生活时，她越来越喜欢这个怪癖的人了。

事实上，诺贝尔始终怀疑索菲娅的背后有她那讨厌的母亲在操纵、策划，因而感到苦恼。

他意识到在她脱离那个阴郁的家庭之前，他俩不可能过于亲密。他不希望她的爱是出于自私的爱，他也不希望她的爱出于感激之情。他心目中的爱是纯洁的、至高无上的。

在一次会面中，索菲娅突然哭了起来，埋怨诺贝尔不该只在出差的途中顺便去看望她。他不由得心头一热，温存地吻去了她的泪水。

索菲娅主动提出要离开她的家庭，并请求诺贝尔不要等她学会法语之后再带她去巴黎，到了巴黎后，每天都不得不讲法语，学起来更容易些。

诺贝尔毫不迟疑地答应了她的要求，她愿意离开那个家庭，正是他求之不得的。

她提出这一要求时怕他不答应，还有点吞吞吐吐，没想到一下子就得到满足。索菲娅喜出望外，一下子扑到他怀里就是一阵亲吻，然后又哼起一首古老的维也纳歌曲，绕着桌子欢快地跳起了华尔兹，快乐得就像一只蝴蝶。

诺贝尔在距离自己宅子几十步之遥的维克多·雨果大道给索菲娅准备了一套房子，面积不是特别大，却非常华丽。索菲娅来到的那天，发现自己真的有了个舒服、安逸的住所，高兴得伸开双臂，像一只快活的小鸟飞进了窝。她终于使这位头发已经灰白的天才人物感受到了爱情的魔力。

可是到了第二天早晨，诺贝尔再也找不到这种魔力般的感觉，仿佛那不过只是幻觉。他又回到过去那种闷闷不乐的心境之中。

索菲娅时而高兴，时而任性，有时竟变得难以驾驭。她抱怨诺贝尔和她在一起的时间太短，还闹着要陪他一起去外地办事，一起去塞夫兰的实验室。

她不肯花时间去熟悉巴黎，总是拉着那位法语女教师上街购物。因为她对学习很快就不感兴趣，对其他方面的指教也感到厌烦。他们为此发生争论，但争论过后又和好如初。

她喜欢到巴登、卡尔斯巴德、米兰、博尔扎纳等上层社会喜欢的去处游玩。

她没有固定的地址，常收不到诺贝尔的信，或者他还没来得及告诉她要去看她，她却已换了地方。这让诺贝尔很操心，也成了猜疑和误解的根源。

索菲娅虽然出身于经济很拮据的家庭，可自从有了诺贝尔的接济之后，她任意花钱，想买什么就买什么，用完了高额的生活费就赊欠。

诺贝尔对她胡乱花钱虽颇感恼火，但总是宽宏大量地不声不响地替她付清欠账。

1891 年春，索菲娅不久要生孩子了。不过，即将做父亲的不是诺贝尔，而是一个匈牙利贵族出身的骑兵军官。

诺贝尔得到这个出乎意料的消息后，反倒觉得如释重负。同年 7 月，索菲娅生下一个女儿，诺贝尔怀着怜悯和宽容给她写了一封信：

> 可怜的孩子，你现在需要的是安慰，而不是对过去的责备。你的过错害了你自己，而一切应归咎于你的出身、教养和环境的影响。你胸中蕴藏着一颗幼小的心灵，但并不丑恶。

索菲娅是个挥霍无度的人，诺贝尔定期给她津贴，但她还是到处借钱，债台高筑，诺贝尔决定不再为她偿付债务。

1894 年 9 月，诺贝尔曾去维也纳看望索菲娅，他发现她们母女俩生活得十分快乐，感到非常欣慰。

索菲娅和那位军官的婚礼完全是个形式，婚礼仪式刚一结束，懊悔的丈夫就不见了踪影。可怜的索菲娅最终没能得到真正的爱情。

她也没有改变她的生活方式，依旧到处借债，典当首饰、衣物，诺贝尔在她的恳求下还不得不经常资助她。

在伊甸园中，诺贝尔留下了他充满甜蜜和苦涩的流浪之旅。

火热而慈善的心肠

诺贝尔看上去一年比一年更具威严，更为深刻。脸上偶尔呈现出忧郁的阴影，也许是因为年轻时过于辛劳，患了消化不良病。

诺贝尔的外表看起来严肃冷酷，使人难以接近，其实，他的心里充满着慈爱。遇到困窘的人、烦恼的人、穷苦的人，他绝不忍心坐视不救。

1889 年，他接到瑞典教会牧师寄来的一封信。信中详细叙述一个教友陷入窘境的情形。

诺贝尔立刻写了封复函：

以往，为了像这样的问题，我常常受到欺骗，他们怀着某种目的，毫不知耻地撒谎。可是，听到正直而认真工作的人濒临绝境时，我绝对寄予同情。

你说解决这个人的问题，有 600 法郎就够用了，但是，要做不充分的援助不如不做，所以，我决定汇上 1000 法郎。

为报答你依然不变的厚意，我顺便在这里说明平生所抱的宗教观，我严守圣经里的"将己所欲，施于邻人"的金玉良言。我未曾憎恨或讨厌过自己的邻人。为了这一点，我很骄傲。

然而，关于灵魂的问题，我的想法似乎和别人有些不同。这不只是靠理性就可以解决的，等于要把圆形改为方形一样，是很难做到的。

诺贝尔认为，没实践的宗教不是真正的宗教。他的宗教是人类的爱。

"如果把困难告诉诺贝尔先生，他什么都肯替你设法去做。"这样的话一传出去，他的桌子上天天堆满求助的信。后来，信堆积得太多了，诺贝尔也叫苦连天。"每天起码有 20 封求助的信寄到我这里来，总金额平均是 2 万法郎，预计一年要 700 万法郎。这么一来，不论是古尔多，或潘达比尔多，或洛斯柴尔德也都会破产的。"

"可是，托你的福，不知有多少人脱离了苦海，衷心感谢你呢！"有人这样说。

他就答道："不，近来我常常这么想，与其以慈善家闻名，不如得个吝啬的评语还要好些。每当写一封拒绝的信，心里便觉得很难过，而且，又浪费了许多宝贵的时间。"

话虽这么说，一旦有人向他求助，诺贝尔总是不忍心拒绝。有时援助金额意外地多，以致弄得自己身无分文，这种情形也常发生。

使诺贝尔大为恼火的是来求助的人当中有些是骗子。没有比这种欺骗更惹这位心地慈善的人生气的了。自古以来，使讲义气的人愤怒的，就是欺骗与背信。

可是，他依然是乐善好施。他对邻人的慈爱，并不仅限于金钱财物的援助。有时，他也会给予忠告，有时则是以诚挚的友情来支援对方。

一个晴朗的下午，在巴黎的一条大道上，一辆马车嘎嘎地驶来，到大街拐角就停了下来。从马车上跳下一位 50 多岁的绅士。

这位绅士头上已有白发，个子不高，身材清瘦，穿着一身黑色朴素的西装，戴着蝴蝶领结。

这人便是诺贝尔。他每走一步，就用手杖的尖头敲一下柏油路，这样走了有百余米。

诺贝尔到这儿来做什么？在他的衣袋里，有这样一封信："谢谢您的关照。托您的福，我已经能够安心地生活了，请您不必挂心。如果有机会到列利维街来，请光临敝店坐坐。如能这样，我就高兴极了。"

那是他援助过的一位瑞典少女写来的信。这个少女在异乡丧父，她的家人，除了她以外，都是没有工作能力的。扶养母亲和幼弟的责任就落在她一人肩上了。可是，她的邻居对她们一家人并不太亲切。

诺贝尔听到这个消息后，就接济了她一点钱，解决了她一时的困难，同时，还介绍她到一家药铺做店员。

这是他惯常的作风。

少女在异乡感受到了这样的温情，感激之余，才寄出了这样一封信。

读完了信，诺贝尔不觉得流下眼泪来。"可怜的少女，多么需要人间的温暖啊！假使我去看她，她不知多么高兴呢！"

这样一想，他就坐上马车到列利维街去了。可是，他又转念一想："如果坐马车去，让她知道是特地来拜访她，反而会使她不安。"

所以，他就在大街拐角的地方叫马车停下来，装作是散步的样子去看她。

诺贝尔在那家药铺门前停下了脚步，摘下他的呢帽，向里面张望着。

一会儿，从店里走出一个少女来。"咦？诺贝尔先生！"她兴高采烈地和诺贝尔寒暄起来。

好久没有听到故国语言，诺贝尔的脸上现出和蔼可亲的表情。"你能够快乐地工作，我就放心了。不过，要注意健康，以后有机会，我还会来看你的。"

诺贝尔戴上了帽子，少女依依不舍地说："欢迎您再来。"

第二天，少女又寄了一封信来，信中写道：

> 我总以为没有机会看到您。对您的突然来访，起初我真不敢相信呢！因为太高兴了，一直想向您说的话，没想到见了面竟说不出来。
>
> 虽然我只是一个女孩子，但是，如果有我能够帮忙的地方，请告诉我一声，我愿意为您做任何事。现在，除了您、母亲和幼弟马克以外，世间再没有叫我关切的人了。

就这样，瑞典最伟大的人物和这位贫穷的少女结下了世间罕有的忘年之交。

以后，诺贝尔便常常出现在少女服务的药铺中。

罗琳娜与世长辞后，诺贝尔在一封信中把遗产中归他所有的一份做了安排："我在斯德哥尔摩讲过，我只想保留母亲的画像，以及一些她所喜爱的、特别能使我联想起她的小物品。另外，对遗产中属于我的份额，我保留处置权。我想从中拿出一定数量，建立一座既美观大方又不显眼的纪念碑；并希望把另一部分遗产用来建立一个以她的名字命名的慈善基金会，基金可望达到 10 万克朗。"

关于纪念碑，诺贝尔最初接受了亲属的建议：

> 我们就刻三个浮雕像吧，当然要包括埃米尔的一个。另外，我们也不妨为下一个死者保留一个位置，我这是指老态龙钟的自己。我这项建议只是为了照顾构图上的匀称。
>
> 像我这样的人，无论在人间或者是在阴间最好都不留一

幅画像。运行在太空中的地球，载着 14 亿两腿无尾的猿人，在这个人类的大杂烩中奢望功成名就，似乎的确有点可笑不自量。

但是不久，诺贝尔改变了刻雕像的主意。他写道：

> 最好现在不谈此事，因为有各种原因：一是不容易刻得很像，二是金属碑暗淡而丑陋，三是几块碑叠放在一起太庞大。

> 我要把我分得的母亲遗产分配掉，只留下佐恩画的画像和我从巴黎寄给她的东西，就是一只表、一个镶嵌金丝的篮子、一个有两帧照片并列的手镯和一个瓷花瓶，上面印着我的姓名的第一个字母 A·N。

> 我已答应将表送给妮玛姆，她曾在我母亲病危时看护她，但我又觉得为此事抱歉，因为我母亲很爱它，我希望她能让我保存这块表，我将另外补偿她。

诺贝尔将母亲遗产内归自己继承的 28.8 万克朗的大部分捐给瑞典社会和教育机构，罗琳娜斯卡研究所获得 5 万克朗，创建了罗琳娜·安德烈特·诺贝尔基金，支持医学研究，包括医学科学各分支，这些研究的提高、教育和一般的研究。

向新儿童医院捐款 5 万克朗，也是用罗琳娜·安德烈特·诺贝尔的名义；中央体育研究所领得捐款 2000 镑。他还分给他母亲方面和其他亲戚一大笔钱，这样，还剩下 2.4 万克朗，但似乎瑞典全国人民都求他救助。

诺贝尔的童年时代尽管贫穷，但给了他一种影响其终生的良好道德教育。由于生病和家庭的贫困，他被剥夺了很多东西。他后来给予很多人的各种帮助，表明他希望别人能有一个更好的开端，一种更好的命运。

作为一种完全是新的和不寻常的领域里的一名开创者，诺贝尔遇到了各种各样的挫折和失望。坚毅勤勉，是他克服逆境的手段。他有一种超脱于贪婪和爱财的雄心壮志。他的愿望是"要存在，但是不要受人注意"，自己要在和平中活着，也要让别人在和平中活着。

诺贝尔说："我比那些竞争者有两个长处：赚钱和赞扬都使我完全无动于衷。"他有着科学家锐利的眼睛和对于事物的自然怀疑，但是，一旦当他在自己隐居的地方弄清了情况，他就毫不装模作样，并且忠于他的伙伴。

所有那些真诚努力工作的人，不管他们的职务高低，也不管他们的努力成果大小，诺贝尔都一视同仁地相待；那些勤奋的人在缺钱的时候，总会得到他的帮助。

这就是诺贝尔的思想状况，这从他的行为和通信里都可以看得出来：他的立场正是建立在这些基础上的。

关于诺贝尔巨大的商业交易，他曾写道："我认真地，但却不是热情地从事它们。"

在诺贝尔给经理和工程师们的信中，有很多例子表明他对工人十分关心，并且坚持采取严格的安全措施，因为他认为在这种生意的全部过程中，只要有一点错误或蛮干，都可能造成灾难性的结果。无论花费有多么大，都绝不因此而妨碍这种关心和注意。

全力保障失业者生活

诺贝尔的一座工厂里的老工头和工人们说，他们听了很多关于他们老板的传说故事，他是这个行业中所有突然出现的新产品的根源。

他们怀着敬意把"诺贝尔"这个词的概念看作是一种拥有巨大财富的神话式人物；从他们所听到的一切，这个人几乎能做超自然的事情。

他们中的大多数人从来没有见过他，因为他只在星期天访问工厂，以便平静地来进行研究。经理和工程师们相互交换的信件表明，他们把这位矮个子的大人物看成是一位不摆架子的正直公道的人，一位不知疲倦和鼓舞人心的人。他经常突然地来待一会儿，并且总要引起很多改变和带来巨大的忙碌。

一次，当诺贝尔的一座工厂将要举行周年纪念的时候，有人要求诺贝尔送张照片，给一份周年纪念出版物。他当场说道："只要我的助手们和每个工人也都被要求把他们的肖像送去，那么，我将把我那单身汉的丑陋的大鼻子像复制一份送去收藏，但在这之前，我可不干。"

奥地利诺贝尔工厂职工的后代们说，在19世纪的七八十年代，诺贝尔公司的工资和劳动条件非常优越，很多年轻人常把他们的名字登记在招工的候补名册上。还实行一种制度：在那里工作了若干年之后，每个工人就可以每月领到大约30个奥地利先令的奖金。

现代的报纸也显然以某种惊奇的口吻说："这些公司有免费治疗的工厂医生和免费供药制度，并且有着事实上一整套社会福利，其目的是防止诺贝尔公司的退休工人出现死在厂房里或大街上的现象。"

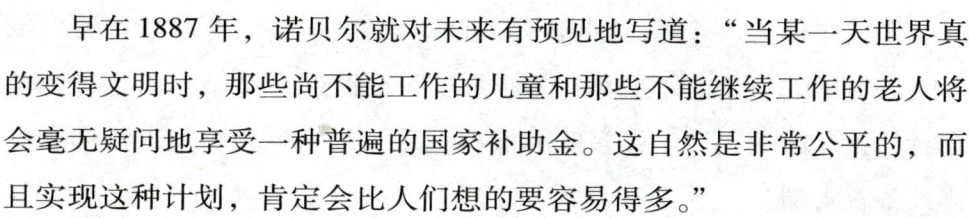

早在 1887 年，诺贝尔就对未来有预见地写道："当某一天世界真的变得文明时，那些尚不能工作的儿童和那些不能继续工作的老人将会毫无疑问地享受一种普遍的国家补助金。这自然是非常公平的，而且实现这种计划，肯定会比人们想的要容易得多。"

这些就是这个人的行动和思想。与此同时，他给一名申请工作的人写了下面一段关于他自己的情况：

"我是一个厌世者，然而却非常善良，有很多怪毛病，而且是一个耕种哲学比耕种粮食更在行的超级理想主义者。"

诺贝尔的一句座右铭这样说道："只顾自己而不顾别人的人，他就像无法接触阳光的宝石似的东西。"

他无论在任何地方开办公司和工厂，都比较关心职工的利益。诺贝尔从事炸药事业，一直以严密的安全措施为重点。

诺贝尔认为一点点的失败或疏忽，即会招致无法挽救的严重后果，安全措施才是最重要的。在考虑安全问题的时候，他必定想起他心爱的小兄弟埃米尔惨死的可怕情景，想起硅藻土炸药诞生之前，全世界频繁发生的爆炸事故，强烈的社会责任心驱使他为达到安全目的而不顾经费问题。

尤其是那位错把哥哥当弟弟的法国记者，把诺贝尔说成是一个靠兜售杀伤力不断提高的武器发了大财的商人，真是骇人听闻，让他不寒而栗，反复强调"安全超过生产"。

诺贝尔不同意随意解雇工人。有一次出现部分关闭伯弗尔斯工厂的问题，他就此事在给他侄儿的信中说：

我没有充分的材料宣告一定的意见，我们是应该继续还是关闭，不过既然要发生裁减一部分职工的问题，我的意见是应竭力维持，以避免那种痛苦的办法。

诺贝尔作为一个雇主能够真正地尊重他人的自由。保守的报纸《工人的朋友》的编辑曾请他在伯弗尔斯推销这种报纸，向他说，煽动者们正在向工人灌输许多麻醉毒物，每一位雇主为了他自己的利益应预备解毒剂。

诺贝尔回答说："如果规定伯弗尔斯的工人们应读什么报纸和不应读什么报纸，那我认为这是无理由的；反过来，他们有要求我不干涉他们自由的权利。"

对于他的主要助手，他更加关心备至。例如，当他在1891年被迫移居意大利时，他在法国聘请的助手法伦巴赫不愿同他一道去意大利，于是他就发给他高额退休金，就地退休。此后，他在1893年聘请瑞典青年工程师索尔曼来意大利做他助手时，诺贝尔认为他很称职，就在他的圣雷莫别墅附近为索尔曼买了一栋别墅。

对于那些平常向他寻求帮助的人，只要诺贝尔认为他们确有困难，他也会慷慨解囊，予以帮助。由此看来，他似乎没有一般资本家那样贪婪。与此相反，他对自己却又非常节俭。他不抽烟，不喝酒，不赌博，当然更没有任何挥霍之举。

诺贝尔极其尊重作出过贡献的科学前辈。发现硝化甘油的意大利化学家索布雷罗晚年生活贫困，诺贝尔便把他请到自己在意大利的公司担任高级顾问，付给他高薪，直到他在1888年去世。索布雷罗去世之后，诺贝尔还出资为他塑像立碑，以资纪念。

资本家拥有的巨额资产，诺贝尔认为来自于社会，应该回归于社会。他不主张资本家的巨额遗产由子女继承，认为那样会导致子女的腐败和社会的退化。

用文学艺术体现关爱

诺贝尔在文学上没有做出像他在科学技术上那样卓越的建树，但他对文学的爱好与他对科学的爱好一样始终如一。文学与科学是诺贝尔的两大精神支柱。在他看来，自然科学所征服的是未来人类幸福的建筑材料，那么，文学的理想主义则是促进人类幸福的源泉。

诺贝尔的文学修养差不多完全是自学的。他一生对文学的爱好，主要表现在对英国文学、法国文学、俄国文学以及斯堪的纳维亚各国文学作品的大量阅读上。

诺贝尔对英国文学有最浓厚的兴趣，而且阅读最多。对于英国文学，诺贝尔除了喜欢阅读雪莱、拜伦和莎士比亚等人的作品之外，甚至对英国不怎么著名的作家的作品也极为熟悉。雪莱的诗感动他最深。他在童年时代就熟悉雪莱的诗，并深受这位英国诗人的熏陶。

诺贝尔对于法国文学，除了与雨果有直接交往并阅读他的作品之外，他还广泛地阅读莫泊桑、巴尔扎克、左拉等人的作品。他最仰慕的是和平和理想主义作家维克多·雨果。在1885年雨果83岁生日时，诺贝尔发去贺信："伟大的大师，祝你长寿，用你的博爱思想使全世界更灿烂美好！"

他心爱的作家还有法兰西作家莫泊桑。他极力反对左拉和一般写实派作家，他对左拉评价不好，认为他是"一个肮脏的作家"。

诺贝尔对于俄国文学，喜欢阅读果戈理、陀思妥耶夫斯基、托尔斯泰和屠格涅夫等人的作品。对于包括他的祖国瑞典在内的斯堪的纳维亚各国的文学，他阅读过易卜生、比昂逊、吕德贝和拉格勒夫等人的作品，对这些作品他都有过独特的评价。

诺贝尔不仅喜欢阅读文学作品，而且也尝试过进行文学创作。那首他在 18 岁时写的题为《谜》的长诗，始终被认为是脱胎于雪莱的诗而成的。这首诗采用诗文的形式，真实地展现了他的文学天才。这首诗是自传式陈述，表明了诺贝尔早年对于人生的态度。

1868 年，诺贝尔在英国旅行时，在德凤郡遇见一位英国牧师莱辛汉·史密斯，他们很快成为忘年之交。诺贝尔把自己这首诗抄给老人看，老人回复了他一封长信，说他已很快乐地读了那首诗，望他领悟耶稣教的真理。

在他的遗稿内，还有同样的一首诗，由笔迹来看，是属于同时期所作，大意也相同。在这首诗内，诺贝尔又想到人生之谜、上帝和永恒，他像雪莱一样，有热烈而神秘的宗教意识，显然带有反宗教的态度。

这首诗与别的不同，因为这是押韵的：

夜半万籁俱静，受缚精神得解脱，理解的力量如幻影一般飞逝。

寻常的目力不能侦视，这目力简直漫无顾及，野性难驯，欺骗我们，并引诱我们的灵魂：

我们与神秘奋斗，我们寻觅上帝，专注凝神，这神秘紧紧地包围着，宇宙的主宰，神光闪烁。

在诺贝尔的稿件内，还有一篇未写完的故事，名为《最快乐的非洲》，故事中表现出诺贝尔的思想，可算是他政治意见的体现。

在诺贝尔的心里，并不相信群众能了解政治，他不赞成普选，更不相信议会制，他宁愿政府有独裁的力量。他借书中人阿文尼发泄他的思想，阿文尼代表激进派，书中所谓的"我"是极端保守派，主张绝对服从传统的国王：

阿文尼以轻蔑的态度问："哪怕他们是近乎软弱的人，或是罪人呢？"

"那他们很少是这样的，"我答，"因为上帝所立的王，自有他天赋的才能，不至于有心灵的欠缺或犯罪的倾向。但是，你既然这样苛刻地批评并辱骂神圣而尊严的国王，你到底想用什么较好的统治者替代他？"

"你的问题的确使我为难，"阿文尼说，"我一定承认这个和那个一样坏。现今所流行的三种政体，差不多是同样毫无价值。"

我旁边的人问："这三种政体是什么？"

"君主专制、君主立宪和民主共和。"阿文尼答。

"但这是现今世界上所有的政体，"我惊呼着，"你的意思是说它们都坏吗？"

阿文尼答："结果证明是这样的。"

中年时期，诺贝尔专心发明工作，基本上抛开了写作，直到晚年，尤其是抱病卧床的那段岁月，他重拾文学旧好，尝试着写了不少作品。

诺贝尔在 1895 年曾用英文试写讽刺喜剧《专利细菌》。诺贝尔并不见得熟悉阿里斯托芬的喜剧，但在作风上，他有倾向于那方面的意味。然而，诺贝尔自己也觉得完全缺乏阿里斯托芬喜剧里的那种丰富而深刻的幽默。所以在写完几张经过许多涂抹和修改的稿纸后，就搁在了一边，不曾写完。

诺贝尔唯一完成的戏剧是《复仇女神》。戏剧的情节脱胎于他青年时代偶像雪莱的诗剧《钦契》。

剧本的题旨是关于比阿特丽丝·钦契动人的故事，不过诺贝尔的叙述方法与雪莱完全不同。

诺贝尔想看看这小小剧本是否有人排演，他觉得它在舞台上应有十分好的效果。这是用散文写成的。

《复仇女神》虽于 1896 年在巴黎出版，但诺贝尔却没有亲眼看到它的问世就去世了。

诺贝尔的朋友们认为"这样拙劣的作品有损于回忆这样的伟人"，所以只留下三部，其余则全予毁弃。

有人认为这样做非常妥当，因为如果不这么做，人们便可能会对他存有错误的观念。

诺贝尔确是一位诗人，他有诗人的人生观。在他年轻时，可用诗来表现他的思想，但这种能力却随其年龄的增长而消逝了。

尽管诺贝尔肩负巨大的工作负担，他却保持了自己对诗的喜爱。他注意跟踪包括斯堪的纳维亚在内的文学潮流，并且从中看到了它在他所梦想的人类向更好的生活发展中，能够成为一种使人精神振奋的源泉。他的遗嘱条款告诉了我们这一点。

在一些传记文学里，常常说诺贝尔把他大部分青年时代的诗寄给情人。

然而，在档案材料里，除了那首重要的、引起很多讨论的诗《谜》之外，还有一些关于诺贝尔嗜好写诗的宝贵例证。此外，人们还在实验室的记录簿等意想不到的地方，发现了他所写的一些笔记和未完成的诗稿。

其中包括《我打算用哲学说明什么》的提纲和在那些年代里诺贝尔写的一些诗篇。在1880年写的题为《拟论述的哲学反映》这份目录中，他用12个标题涉猎天下万物，体现了非常深远的思想。如背负死亡、疾病与医疗、精神抚育、相信与不相信、被两者所系等。

诺贝尔具有相当多诗人的灵感，虽然在晚年由于他所遭受的沉重打击，这种灵感变得迟钝，但它却伴随了他的整个一生。下面是迄今尚不为人们所知的第六首诗的一段摘录：

> 我是否爱过？啊！你的质问，我记忆的旋涡，唤醒了一幅甜蜜的轮廓。那梦寐以求的幸福啊！生活不肯将它赐给我；那满腔热忱的爱情啊！不待成长就已经凋落。
>
> 你不会懂得，一个年轻心灵的理想世界，是怎样遭到现实的折磨。挫折、幻灭与忧思，是怎样捉弄那欢乐的生活，使一切都丧失灿烂的光泽。
>
> 你那年轻的灵魂，在如意宝鉴中，只看到世界纯洁无浊，啊！但愿你永远不要看到它的面目赤裸。

诺贝尔没有继承他父亲或其他父辈那种用铅笔画图的灵巧本领，事实上，他画的画很难看。但他对写作有着天然的爱好，在语言方面也十分有天分。

很幸运的是，在诺贝尔基金会的档案室里，几乎全部收藏着他数千封书信和草稿的副本。它们跨越的时间达 40 年之久，从他 25 岁开始从事技术和商业活动起，直到他去世的时候为止。

诺贝尔基金会后来还取得了几百件书信和作品的原稿。它们都是用小字、以刚健和清楚的笔迹写的，而且达到工整美观的程度。

诺贝尔去世后，除了留给世人巨额的财富以外，还留下一个私人图书馆，藏书逾 1500 卷，内容涉及文学、哲学、历史、科学等领域，尤其是 19 世纪经久不衰的经典作品，大部分为原著作者的第一语言文字。除此以外，还留有大量的信件和他早期手写的诗歌和小说。诺贝尔在遗嘱中设立文学奖，与他对文学的兴趣是分不开的。

不屈老人

　　单靠逻辑是什么也干不成的，唯一的道路就是直觉地把握

整体，并且洞察到正确的东西。

—— 诺贝尔

反对炸药用于战争

晚年，诺贝尔对一个与人类社会关系密切的问题也开始倾注越来越多的心思了，这就是反对战争，维护和平。

诺贝尔 55 岁那年，他的哥哥路德维希死于心脏病。法国的一家报纸误以为诺贝尔已去世，就刊登了一则讣告，称他为"死亡商人"，称他一生只在发明新式方法"毁灭和灭绝生灵"。

诺贝尔惊呆了，因为他一直自视为理想主义者和艺术家，是爱好和平的人。

诺贝尔在青少年初期就盼望人类永远和平，他对人类的未来充满乐观，认为普及教育就是普及繁荣，科学发展就会带来幸福，和平随着科学、教育的发展会自然到来。雪莱的和平主义思想，是他的和平之梦的最早思想根源。后来，一位更不妥协的和平运动家——《伊斯兰教起义》的作者也深深地影响了他。

一个终生与战争和炸药为伴的人同时又是一位著名的和平主义者，这在人们看来是矛盾的。

诺贝尔不断发明新型炸药，确实是为了把它用于修建铁路，开采矿石，开凿运河和建设电站这样一些和平事业，所以他的产品主要是用于工程。一直到 19 世纪 80 年代中期，诺贝尔的发明事业才倾向军事方面，如无烟火药等。

这种倾向吸引他的无疑是炸药本身，完全不是它的实际应用和商业价值，他只是作为一个发明家从纯科学观点出发的。成功发明"巴里斯梯"对他和他的公司都非常重要，他这才想到从中取得经济利益。

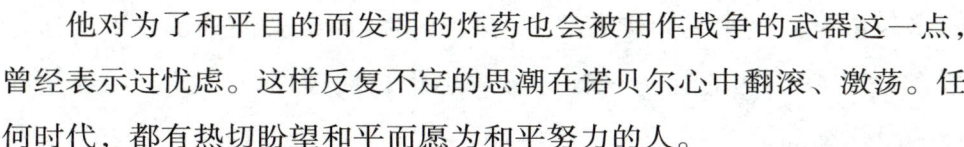

他对为了和平目的而发明的炸药也会被用作战争的武器这一点，曾经表示过忧虑。这样反复不定的思潮在诺贝尔心中翻滚、激荡。任何时代，都有热切盼望和平而愿为和平努力的人。

诺贝尔年轻时是一位热血青年，他会为实现理想而参加和平运动，和多数人交谈，请教专家学者，他知道单单靠和平运动根本无法消弭战争。人们的理想虽然崇高可敬，但是世界和平不可能总靠贴标语或演说的形式来实现，不可能靠这些来使战争销声匿迹。

世界并非如人们所想的那样单纯。谁不憎恨战争带来的灾害？但它依然存在，这是无可避免的。

由于对事实强烈的认知，诺贝尔不再参加无意义的和平宣传运动。但是并不表示他放弃和平主义，他想以另一种更有效的实际工作促使和平早日实现。诺贝尔苦思着有什么办法才能使战争与人类世界完全绝缘。

他父亲健在时，就曾问起过这件事。如果真有足以毁灭人类的强力武器，他们就不敢轻易动干戈。正因为这种超威力的武器永远不会诞生，所以人类永远有战争存在，诺贝尔公司才能永远生存。如果制造出超级强力炸药，制造威力十足的火药也许是遏制的方法之一。而且火药能促进文明发展，改善人类生活，是有益于人类的发明。

为了人类和平他要再研究，再发明更强大的火药。他暗下决心说："我有信心完成威力更大的火药研制，强制用于战争，我必须在世界上留下和平的功绩。"

他对黄色炸药作为矿业和交通运输业杰出的助手这种正当的主张在内心里深信不疑，但他也曾说过："世界上没有任何能够不被误解或不被人讲坏话的事情。"

1887 年发明了混合无烟炸药之后，他曾多次宣布：如果能将炸药在技术上完善到一种可怕的破坏程度的话，那么，他认为它就会成为遏制战争的东西。他争辩说，只要知道还有这种可怕的炸药存在，就将制止人类使用它们作为战争的武器，从而也就促进了和平。通过早在 1876 年表达的这一具有远见的思想，他像通常一样，远远站在他的时代前面。

因为童年时长期身体多病，他被迫成为一个习惯于用脑子警觉地观察事物但却并不活泼的孩子。对于生活奥妙与世间罪恶的观点，在他青年时代的文学创作中，以及在他作为一个成年人的书信中，经常再现出来。

他成为一个不带偏见的追求者和自由的渴望者。他越来越多地相信，人类的进步与幸福，最好是通过和睦与协调来争取。他有一种勇敢的开拓精神，但却丝毫也没有权力的欲望，更没有任何去征服别人的领土和掠夺他们财产的意愿。

同人进行争吵，对他来说是件格格不入的事。他在 1888 年曾写道："我避免争吵，就像躲避瘟疫那样，即使对那些给我充分理由与之吵架的人，也是这样。"因此，他憎恶国家之间的战争，这种战争在通常情况下不过是个人之间争权斗殴的扩大罢了。

尽管他健康状况不佳，并且有着很多各种急迫的事情要做，他仍然与其他一些为和平运动工作的理想主义者们保持着接触。

早在 1885 年 4 月，他在给比利时的一位和平倡导者的信中写道："我越来越多地变成一个哲学家了。我对于未来的梦想，与迪奥克莱蒂安那块用忘河之水浇灌的卷心菜园有点不同。我听到的炮声越多，看到的流血、合法的掠夺与得到许可的报复越多，我的这种梦想也就变得越栩栩如生起来。"

他在 1886 年 1 月给一位英国朋友的信中表示，对在这个爆炸性的世界上能够看到开放得像玫瑰花那样鲜红的和平之花，抱着越来越真诚的希望。

在给比利时的一位和平之友的信中，诺贝尔写道："我已得出一条结论：唯一真正的解决办法，是由政府签订一项约束他们自己的条

约，以便联合起来保卫每个遭受攻击的国家。

这在某种程度上也会导致部分裁军，而部分裁军才是唯一可能实现的事情，因为必须有一支武装力量来维持治安。

从前的一些政府比起他们的公民来，更加目光短浅、心胸狭窄和喜好争斗。现在的情况则似乎是，各国政府常常做出努力，来使被恶意的报界煽动起来的愚蠢公众的感情冲动平息下来。"

诺贝尔关于争取和平的办法的观点，也许会被看成是奇怪的，但是，人们必须记住由他的职业造成的那种奇妙的中间立场。在这位发明家所从事的炸药和混合无烟炸药的职业背后，始终有着一种真诚的愿望，即能够通过改进炸药方面的技术，使得战争成为不可能的事。

战争将像过去那样，由战争本身来加以遏制。这就是为什么诺贝尔在给伯莎·冯苏特纳的信中能够写出他那句著名的、也许是举世皆知的警句：

"我的那些工厂，可能在你的和平大会之前，就会让战争消亡。因为，在两支军队彼此能在一秒钟之内相互消灭掉的那一天，一切文明国家肯定会在战争面前退缩回去，并将裁减他们的军队。"

他的这些直率的、几乎是预言性的语言，使得这一观点变得更加有力。

据军火大王施奈德的儿子说，诺贝尔于1890年在巴黎的一次讨论会上曾经表明："仅仅通过努力提高战争武器的精密程度，并不能够为我们保障和平。炸药的有限作用，是这方面的一个巨大障碍。

"为了弥补这一缺点，必须使战争对国内民众的杀伤力也能像对前线军队的杀伤力一样大。让临头的危险环绕在每个人的身边。先生们，你们将会看到一项奇迹：如果武器是细菌的话，那么，一切战争便会很快地停止下来。"

晚年的诺贝尔在法国遭到不公平的对待后，便决定离开居住长达18年之久的法国，迁居意大利。他选中意大利维埃拉地区附近的圣雷莫作为新的工作场所。那时圣雷莫只是个坐落在地中海边上的僻静的小乡村，邻近法国边界，遍布亚热带植物。

诺贝尔在这里建立了一个研究实验室。新的实验室比旧的面积大得多，设备更加先进。从德国订购了一批新的仪器、机械设备，加上从塞夫兰实验室运来的珍贵设备，摆满了两大间屋子。

在这里，诺贝尔进行了最后 6 年高度紧张的工作。他在炸药领域的最后发现，即所谓"改进型无烟炸药"，那种为了适应某些特殊目的而进一步改进的混合无烟炸药就是在这里研究出来的。

诺贝尔作为一个发明家的兴趣绝不限于炸药，他具有天才的想象力，这是真正的发明家必不可少的品质。

在圣雷莫的时间内，诺贝尔除了作出与炸药有关的新发明外，还作出了其他许多重要发明。仅这一时期在英国所获的专利就多达 53 项，占诺贝尔在英国申请专利的近 48%，可谓是他发明的高产期。

1863 年 10 月 21 日，是诺贝尔 60 岁生日。

在那个和平时一样忙的工作日里，他打算办理"发射武器"和"消除唱片上的干扰噪音"的发明专利；并且考虑购买瑞典的钢铁公司伯弗尔斯。在诺贝尔心里比以往任何时候都更思念他的祖国。他认为报效祖国最好的途径就是投资办厂，以推动瑞典工业的发展。

大力资助北极探险

1895年2月，斯德哥尔摩专利局某部门主任、一位著名的发明家在瑞典科学院作了一次报告，提出了一个乘飞船到北极探险的计划。过去有许多探险者葬身于冰天雪地之中，没有一个人达到他们的目标，即提供有关北极圈的科学数据，填补地图上的空白。

这个发明家叫萨洛蒙·奥古斯特·安德烈，他既是工程师，又是冒险家，而且还是一个精干的组织者。他在青年时代就已越过大西洋，到过美国费城，学习了当时有关航空学的全部理论。

安德烈制造过一些气球，在上面装配了牵引绳、导向绳和风帆，使之成为可操纵的飞船。他的飞行试验在美国和欧洲都引起了轰动。

科学院的成员倾听了安德烈的计划，但对这项计划是否切实可行仍有怀疑。报界以嘲讽的口吻评论这项计划。

不过，安德烈的计划却引起了一个人的兴趣，那就是诺贝尔。

诺贝尔是在专利局结识安德烈的，他们在那里讨论了各种各样的科学问题，尽管在每个问题上他们几乎都持不同的看法，可他们之间仍然保持着友好的感情。

诺贝尔信任这位杰出的瑞典人，听过他的讲座后更加敬重他。安德烈周密地考虑了考察中会碰到的地理、技术、体力和气象方面的困难，并挑选了三名优秀的学者和技师作为同伴。他需要12万瑞典克朗来装备和发射飞船，配置考察设备。

诺贝尔完全可以提供给他全部经费，但他觉得如果公众能参加捐款，就会加深这次考察的意义，起到相互推动的作用。因此，他捐献了2万克朗，同时建议安德烈向社会呼吁捐助。

可是，新闻界对此仍然态度冷漠。于是，诺贝尔表示愿意承担一半的费用，并叫安德烈启奏国王奥斯卡带头捐助。他担保，如果国王答应资助一笔，剩余的金额立刻就会有人来捐献。结果国王同意了，诺贝尔的建议果然奏效。

事后，诺贝尔和安德烈继续保持密切的联系，共同解决关于考察的无数问题。对这次考察北极的目标谁也不了解，乘飞船到北极的方式也从未经过试验。可这两个人都喜欢解决难题，未知的因素激发了他们的热情，而他们各自又是不同领域的探险家。

诺贝尔周围的人看着这位年老多病的人满腔热情地去帮助安德烈都惊诧不已。在他们心目中，他是一个严肃认真、实事求是的实业家，现在竟热心于一项荒谬的设想，这使一些人感到困惑不解。

然而，这项前所未有的冒险计划却为诺贝尔制定遗嘱起了催化作用，为他处置遗产指明了方向。

诺贝尔确信他找到了造福人类的最佳途径。起初，他漫无目的地接济一部分人，后来他发现得到资助的大多数是狡诈的人。这件事使他认识到，只有通过一定的组织形式，才能有效地帮助值得帮助的人。

诺贝尔在 1893 年设立过小规模的奖金。起初，诺贝尔奖金只是用来鼓励献身于基础理论研究的科学家，而现在准备用于激发公众的热情。看到公众和新闻界终于对安德烈的考察计划表示出巨大的热情，诺贝尔从中找到了设立奖金的根本意义。

诺贝尔受到启发，决定在遗嘱中设立一项新的奖金。这项奖金特授予文学界最杰出的作家，他的著作宣传人类最崇高的理想，帮助公众认识人的伟大究竟表现在什么地方。

诺贝尔关心北极考察队每一步的准备工作，关注飞船工程进展，参与各项讨论工作，向帮助人汇报情况，尽一切可能促成探险行动。

1896 年 6 月，维哥号货轮载着飞船、考察队员以及设备物资，开往挪威的斯匹次卑尔根群岛。那年夏天，大气层情况一直不佳，飞船无法起飞。同年 9 月，安德烈宣布把飞行计划推迟到下一年，诺贝尔闻讯后非常失望。

最后遗憾的是安德烈与其他两位立志征服北极的同伴在探险的征途中不幸遇难。

涉足政治反对专制

诺贝尔在家里或是外出旅行时读的东西都非常多，并且通过各种政治色彩的报纸对世界政治状况十分清楚。

诺贝尔把那些强权政治看作是心口不一和阴险狡诈，时时刻刻带有不可告人的动机；这种强权政治同那些官僚主义结合在一起，影响着他的国际活动。

诺贝尔对这些恨之入骨，以致在他那些没有写完的短篇小说中以戏弄的方式无情地批评了政府机构、官僚作风和迂腐法律等。由于这些私人写作在他恼怒和生病时起着一种安全性的作用，所以这些批评涉足比较深远。

诺贝尔对现存的社会秩序几乎全都看不惯。他的批评态度不仅是始终如一的，而且是针对所有的人。

诺贝尔是个激进分子，但是却以一种特殊方式出现。马克教授认为，诺贝尔是受到了俄国流行文学和无政府主义的影响，才使得他反对沙皇的专制政治。

然而，他对群众的政治常识没有太多的信心，对普遍的选举权和议会制度不带有任何同情心，反而认为正确的政府就要拥有那些权力。

诺贝尔在晚年时期认为，"社会民族党是民主派，不过却有点变形。"但是，索尔曼并不同意这一点。他的评价是：

> 诺贝尔在立场、言论和行动方面，表明他同社会民主党的观点不同。他甚至很难作为一名民主派。他对在他工厂里的工人抱有好感，并且照顾他们的利益，但却从来没有时间去进行个人接触。

对他自己的仆人来说，他是一位最随便的主人，但是，他却拘泥礼仪，任何私人接近都是不可思议的，即使当他生病、痛苦或者感到缺乏它的时候，也从不这样。

诺贝尔热烈支持平等机会和大众教育的原则，他曾说过："普及教育就是普及繁荣。"他对别人的人格尊严、自由和个人信仰表现出极大的尊重。

作为一个大规模的发明家、工业家和资本家，诺贝尔经常要同各国的政府机构进行谈话和发生争执。由于他对政府的不满，且持有批评态度，因此，他也可能主动参与国家事务。

诺贝尔大力主张私人财产不应被继承或者留给亲属，他说："它们若是帮助了懒惰，会因此而助长那些懒惰者，会损伤人类的精神，从而带来更多的灾难。"他自己的遗嘱，就是他这种观点的证明。

诺贝尔经常被称为"欧洲最富有的流浪汉"，这个称呼对他来说不够恰当。他的确很富有，而且不知疲倦地到处旅行，对于行动的独立和自由，有着迫切需要。不管是在年轻时代，还是在成年时代，就是在他的一生中，他从来都是自由轻松的，没有一刻成为别人的包袱。

诺贝尔做任何事都目的明确，并且以顽强的毅力、坚持不懈的精神来完成。他是一个"最不摆架子的大富翁"。

在1947年出版的一本广泛传记中，诺贝尔曾被称为"使用炸药的歹徒、作恶分子和军火商"，说他一生的工作主要是"破坏力量的典型"。他可能发现并且从事过致命的东西，但这些事实都是在他死后出现的，他的某些发明慢慢成为军工企业的必需品。

但是，在诺贝尔自己的精神和性格里，在他的行动、文字和目的中，却没有任何的自私自利，也没有残酷无情的做事态度，更不会从死尸身上掠取金钱。

不巧的是，那些花言巧语在那些不善于动脑筋者的脑海里留下了不灭的印象，而那些正确但却没有影响力的论断却早就销声匿迹了。

反对虚名赢得尊敬

诺贝尔对于那些来摆架子、吹牛皮的自负的人，或者来逢迎拍马的人，在客气地但却坚决地请他滚蛋之前，他总要当场训斥他一顿。他在各方面都是一位谦虚的人，他不时地参加知识分子和科学家们的友好聚会，但他却避免出头露面。

诺贝尔天生谦虚，既不喜欢多谈自己，也不写一切私人的日记。他不爱接受记者采访，更厌恶在报纸上、杂志上炫耀自己。尽管他在世时早已赫赫有名，但知道他的人实在有限。

诺贝尔爱工作，当病魔侵袭时就爱孤独。他厌恶一般的社会生活，如应酬、接待等。如果有机会，他乐意与有才智的人们往来，尤其是那些见识较广的人。诺贝尔曾这样写道：

> 人生有一件不幸的事就是回避一切有教养的社会，忽视与善于思考的人交流思想，最后失去了这种活动的能力，牺牲了自己获得的他人的尊敬。

为了这个原因，诺贝尔从来不让他自己成为一个乏味的科学工作者。他具有理解人类一切的本能。

诺贝尔不慕虚荣的事情很多。有一次，一位编辑向他索取照片在杂志上刊登，他坚决拒绝，并说："在这煞费苦心和厚颜无耻大肆宣扬的年代里，只有那些具有特殊资格的人才让自己的照片在报纸上出现。"

一位瑞典出版商要出版一本瑞典名人专辑，同他接洽时，诺贝尔回答说："我喜欢订阅这部有价值有趣味的书，但我请求不要把我的照片刊登在这个专辑中。我不知我应否得此名望，我不喜欢谀辞。我天生的意愿是少给死者荣誉，他已没有感受，我们为死人建纪念碑不如帮助活着的人。"

他最明确的一次发表他的论点是在有人提议为法国化学家和微生物学家巴斯德举行纪念式的时候。他写道：

> 我相信巴斯德自己会拒绝这种表彰的勾当，他厌恶任何用他的名义所做的标榜，因为他厌倦在事后登门拜访的人们。像这里所住的名人一样，他没有受到那些最厌恶的新闻记者们的烦扰。他们比臭虫还讨厌。
>
> 如果有人发明一种药粉，消灭这两条腿的害人精，那真是再好没有的事。我相信巴斯德受到过新闻记者的注意，他们曾使他精疲力竭，甚至宁愿抛弃科学院的荣誉。用他的名义建立一个基金会比一枚奖章更合他的意，他获得的勋章已经足够了。

哥哥路德维希曾要求他写一个自传，他不肯从命。他说："你为什么用写自传的事来折磨我呢？只有戏子和杀人犯的自传才有人看，特别是杀人犯的，不论他的'丰功伟绩'是关着门在家里取得的还是在战场上取得的。"

由于他哥哥一再坚持，他就回信附了下面这篇传略给他：

> 诺贝尔呱呱坠地之际，一个仁慈的医生就该及早结束他多灾多难的生命。
>
> 主要优点：平素清白，从不牵累别人。
>
> 主要缺点：未娶、无家室、易发脾气、消化不佳。

唯一愿望：不要被人活埋。

最大罪过：不向财神顶礼膜拜。

一生重要事迹：无。

这样说是不够还是多余呢？在我们这个时代，有哪些事情才能叫作"重要的事迹"呢？在我们这个被称为银河系的小小的宇宙旋涡中，大约运行着100亿颗太阳，但太阳如果知道了整个银河系有多大，它肯定会因为自己的渺小无比而感到羞愧不如。

到晚年，瑞典乌普萨拉大学授予诺贝尔哲学博士学位，照惯例要写一份自传，这样他才写了唯一的一份朴实无华的自传：

本文作者生于1833年10月21日，他的学问来自家庭教师，从没进过高等学校。他特别致力于应用化学，生平所发现的炸药有猛炸药、无烟炸药，又称"巴里斯梯"。

1884年，选入瑞典的皇家科学院、伦敦的皇家学会和巴黎的土木工程学会。

1880年，获得极星勋章和法国大勋章。唯一的出版物是一篇英文作品。此外获得银牌一块。

说到诺贝尔所获的勋章，固然不止这些。但他认为这些荣誉多与他研究的炸药无关，因而极为淡漠。诺贝尔曾风趣地说："瑞典政府授予他极星勋章，那是由于他的厨师的烹调本领受到一位名人的赏识；法国勋章是由于他结识了一位部长，而且过从甚密的结果；巴西的玫瑰勋章，是因为偶然认识了一位要人。"

诺贝尔越说越奇，最后竟说他之所以得到波立华勋章，是因为授勋人想模仿一个名剧中授勋时的情形。

这些言谈当然不能作为诺贝尔获奖的事实根据，但是从一个侧面真实地反映出诺贝尔的谦虚精神。对于表彰他科学工作的奖章，他极为珍惜。

诺贝尔说："我有瑞典科学院所赠的一枚金质奖章，我又是科学院的成员；我极重视这些奖品，在我看来，它的价值远在其他各种勋章之上！"

现今诺贝尔基金会保存的他唯一的一张画像是在他去世后画的。诺贝尔生前拒绝为他画像摄影。

有一次，他的侄儿要他让一个著名的俄国艺术家画一幅肖像，他几次回信解释为什么他的容貌不值得画下来保存的理由：

我已会见了画家马可夫斯基，我要告诉你，如果上帝他老人家能够大发慈悲让我年轻 30 岁，使我的躯体值得花费画家的颜料和油布的话，我就会像一个听话的孩子那样坐着让马可夫斯基画像。

我漫无目的在人生的海洋中四处漂流，没有值得自己欢欣鼓舞的回忆，对将来既没有令人愉快的幻想可以安慰自己，也没有任何东西可以填补自己的空虚。

我没有家庭可供放置这唯一的遗物，没有朋友能使我的感情得到有益的发展，也没有因恶意而招来敌人。

不过我却有自我批判的习惯，通过自我批判，一切无可洗刷的丑恶揭露无余，遮掩我的缺陷的面纱也撕得粉碎，因而使我深感痛苦，这样的一幅肖像挂在一个欢乐的家庭里是极不协调的，应该丢进纸篓里去。

当有人为称颂他的业绩，而希望将其新造的轮船命名为"诺贝尔"时，他婉言拒绝了对方的要求，他的理由是：这实在有种种困

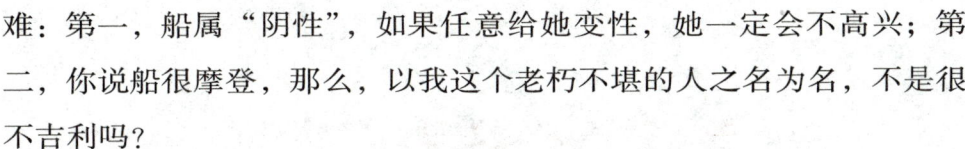

难：第一，船属"阴性"，如果任意给她变性，她一定会不高兴；第二，你说船很摩登，那么，以我这个老朽不堪的人之名为名，不是很不吉利吗？

也许有人会认为，这些只是诺贝尔做给世人看的一种姿态。但是，这种"姿态"对于处在当时社会条件下的大发明家和大企业主是根本没有必要的，谦虚是诺贝尔天生的本性。

诺贝尔厌恶在大庭广众之间抛头露面，被公开宣传，或被拍照，或者让报纸、杂志登载他的消息。他对各种名誉头衔和颂扬都不屑一顾，同时也因为他真正感兴趣的只有工作，他不愿自己的工作因这些事务而被中断。

很多人为着各种不同的使命来找他。这些拜访有时使他高兴，但在更多的情况下，那些无益的访问或打搅使他感到厌烦。

诺贝尔珍视一切技术事务和所涉及的问题，但是讨厌董事会议、股东会议和经济会议。因此，在大多数情况下，他首先进行调查，然后通过信件给予指示。这些信件十分中肯，但显然有很多是料想不到的，或者在通知很晚的情况下发来的。

从他自身方面来说，诺贝尔终生轻蔑荣誉的头衔、高贵的奖章和其他正式的称号。这位伟人在这些方面接受得很少，只是出于内心的善良才接受了几个，这是他在无法不伤感情而予以回拒的情况下才勉强接受的，因为有些怀着好意和崇拜心情的授奖人并不了解他的这个癖性。

在诺贝尔的书信里，可以发现很多事例说明他对"所有这些奖章和勋章，不管它们是挂在胸前、腹部或者背后"，都一律表示挖苦。他要把"所有这些表示寄存到动肝火的地方"，并且恳求"予以保存，免受齿轮和电镀之苦"。

崇尚简朴的生活作风

诺贝尔是一位比较谦虚的人，他偶尔会参加知识分子和科学家们的友好聚会，但他却很少在现场，并且对那些社会活动感到反感。

诺贝尔举行过一些大型晚宴，招待他的私人朋友，招待来自欧洲不同国籍的公司头头和商界朋友，招待他从瑞典和俄国来的亲属。

还有从伦敦来的亨利·德尔默索尔、阿迪尔工厂的经理乔治·迈克罗伯托和仑特霍尔姆以及从汉堡来的古斯德福·奥夫斯拉特在内的一些人，来感受这位单身汉家庭中所充满着文化与欢乐的气氛，尽管缺少一位女主人。

其中有人曾说过：这位主人自己"非常节俭，但待客殷勤，对餐桌上的丰肴美酒感到巨大的骄傲"。他的日常生活很简朴，而对客人的招待却很周到。

诺贝尔在其一生中，对自己的饮食和生活有着严格的规定，不抽烟，不喝酒，不玩牌或赌钱。而且乐器也都不会玩，跳舞更不用说了。同他的哥哥们一样，他对音乐没有欣赏兴趣。

然而，他却是很细心的人，体谅人这方面表现得很突出，对待男客，他消息灵通、照顾周到；对待女客，则彬彬有礼、非常热情，并且还会为每位女宾准备一份礼物或一朵鲜花。

他在斯德哥尔摩老家的亲属和他们的孩子每逢圣诞节、结婚纪念日和生日，不管他身在何处，都会为他们寄去一份漂亮的礼物和一封关切的信件，尤其是妈妈在世时的圣诞节期间，更能体现他的这种品质。

在他心情良好、孤独感完全消失的时候，他就会成为谈笑风生的主角。他每次讲故事的时候，都会用到那种有趣的哲学推理，因为这

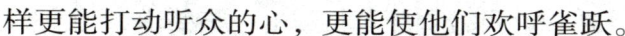

样更能打动听众的心，更能使他们欢呼雀跃。

但是他也有着特别的一面，当遭遇不测和疾病折磨的时候。他就会把自己说成是"一个无用的思考工具，以任何人都想象不到的沉重思想，孤零零地漂泊于世"。

他经常会患心绞痛，呼吸困难，头痛严重，然后就会出现反复无常、坐立不安等不良反应。他有时感到非常渺茫，无家可归，然后消失几天或几周，没有人知道他去了哪里。

当病魔打击过去后，如果他不是跑到阿迪尔、汉堡或者维也纳，就会很快看到他充满了忧郁和厌恶自己与生活的情绪，回到他那座实验室里。

诺贝尔没有休息的能力，不用多久，他的那位有耐心的助手弗仑巴克就会听到他那些最奇异的计划，而且不管是白天吃饭或晚上睡觉的时间，都必须立刻去执行。只有通过紧张的工作才能让自己的疼痛和忧虑去除掉。这些工作包括实验、写信，或是写一些小的文学作品，有时写实验日记。

诺贝尔经常给人留下一种明显的印象：他是一个非常寂寞的人。尽管整天都忙于工作，并且在经济和社会事务方面完全独立，但他仍然摆脱不了那种孤寂感。也许这是由于"腐蚀性溃疡"型的内在忧郁症，正是因为他自己没有一个真正美满的家庭。

这位苦恼的发明家对自己那种遗传性的火爆脾气是心知肚明的，因此，当与外界发生摩擦时，诺贝尔总要设法尽力控制它，特别是每当发火之后，他的健康总要受到很大的损害。

诺贝尔曾宣称，当他愤怒的时候，"诺贝尔式的血液就会沸腾，我自己的炸药多得很，而令我非常生气的时候，就会冒出火花来，然而，这不过是只能维持半个钟头的事"。

从诺贝尔的信件中可以看出，如果他作为一名发明家的荣誉和名声受到攻击时，他就会变得异常凶狠。他经常被那些无聊至极的乞求信件折磨。他们通常是以讨好和可怜的语气来表述这些要求，但有时是以令人难以相信的厚颜无耻来写的。

诺贝尔对这些要求则表现得非常冷淡，不予接受。但是，像他那样乐于帮助别人的人大概为数不多。对于那些雄心勃勃的年轻人，当他们的计划使他产生兴趣时，他就会诚心诚意地帮助他人。

不过有一点，他对自己年轻时代为取得必需品而进行的艰苦斗争则记忆深刻。他曾写道："记忆里没有海绵而只有石板。""我不问他们的父亲生在哪里，也不管他们崇拜哪个小人国的神，因为正当的施舍是不分国界和无须表白信仰的。"

诺贝尔一生简朴，但在对待一位奋斗中的青年或一家科学企业真正有需要的情况下，他则表现出热情、乐于助人的一面。

诺贝尔在给一位被他认为对人吝啬的犹太朋友的信中曾经写道：

> 不晓得你能否仅仅学会懂得，确实有人能够不带私利，或说不出动机地去帮助别人。在犹太人中间，恐怕只有一个人，即基督，曾经发现过这种思想。正因为少得可怜，所以他才被授予神的证书。

诺贝尔的性格，使得他的信件出现很多不同的音调。显然，技术和商务性的信件有特别的语调，即就事论事和特别有礼貌；而给亲属、密友和妇女们的私信，也带有他自己的口气。在这类私人信件中，他更多地注意到坦白的话，并且会以生动的言语来摆脱孤独感的困扰。

在诺贝尔所有的书信里，体现了两点：他热爱人类，对所有的人都没有偏见，不分贫富贵贱，平等对待。他还对人类各种事业的现状毫不避讳地进行批评，并且常常提出一些改进的建议。

诺贝尔带着雄心勃勃的理想，尽可能把一切事情都做到最好，完美无缺，这在他的科学工作中还是行得通的；但在日常生活中，不管

对他自己还是别人所提出的要求，都未免过于理想化了。

在很多给他写信的人当中，诺贝尔最感兴趣的是那些理想家，他们有着自己杰出的计划，往往在激烈的争吵之后开始行动起来。

我们从复信中发现，诺贝尔与他们讨论着一些最不平常的事务，这种讨论往往是比较有价值的，但有时却显得非常的渺小。他对于某些人提出的计划问题，如在研究或金钱给予帮助这一方面，他始终感兴趣地予以解决。

在某些时候，诺贝尔也会走极端，对所有受他尊敬的人，他会用热情和尊重的态度对待；但是，当遇到某些使他很不高兴的事情时，他又会以讥讽和嘲笑的语调来恶意地加以谴责。介于两者之间的情况，却很少见到。

在他的书信里，完全没有假装多情的感伤言辞，但却经常出现对人对事的某些相当尖酸刻薄的评论。

在诺贝尔的生活中，若是有人向他借钱，他都会慷慨给予；但是作为一个习惯于数字的商人，他对那些懒惰的人非常厌恶。这位富翁可能会训斥他们说："我曾有过形势不利的时候，甚至在金钱方面也是这样。但无论如何困难，我从来没有一天出现超支的情况。这使我有理由来要求别人也能像我一样遵守这条规矩。"

在斯德哥尔摩，有一个贷款者，他的处境很好，但却经常向诺贝尔索要恩惠，更是拖延还账，于是，他收到了下面一封信：

> 由于你再次忘记了我的那项小要求，而这项小要求在我看来已经延搁得够久的了，因此，我只好冒昧地通过大使馆或者瑞典慈善会将它收回，以便交给没钱的同胞使用。

果然，从账本上看出的这项"小要求"为1万克朗，后来真的被用于照顾在巴黎的瑞典艺术家们的福利。

拥有鲜明的独特性格

诺贝尔有着坚强不屈、勤劳、孝敬父母、崇尚科学、为科学献身的性格，在很大程度上，他又是一位矛盾的人。

在他的整个一生中，他身体虚弱、健康不佳，但他却能够在工作中建立惊人的功绩。

他早年的生活比较贫困，又充满了忧虑感，但他却喜爱偏远的地方和安静的生活，他认为只有远在他乡，才能摆脱这种现象。

诺贝尔不仅是一个炸药和武器方面的发明家，同时也是一个工业家，但是他却反对自己发明的炸药和武器用于战争，并且大力提倡和平发展。在青少年时期，他就已经努力去做了，在他一生的言语文字中，始终流露着这种感情。

由于早年身体状况的影响，使他养成了不安静的习性，或是由于他广泛分布的活动，以致让他变成了把整个世界作为自己工作场所的一位发明家。

诺贝尔虽然是那个时代最大的资本家之一，但却持有某种社会主义观点。他天性谦虚、温和，可是在社会的形势所逼下，又不得不与他这种性格相违背，以至进入到纠纷与对立中。

日常生活中，诺贝尔的交际面不是很广，时常对陌生人采取回避的态度，但他经常鼓舞和帮助他人，曾在全世界引起过强烈反响。

诺贝尔是一位机智的观察者，年轻时就对所看到的一切时常表示不满。这个世界包含着他所不能接受的事物："现实曾无情地挫伤了我年轻时心中的理想。"这个笼罩着忧郁的孩子变成了实验室里一名害羞的思想家，对很多东西感到有兴趣，但对什么都不感到奇怪。

诺贝尔没有继承他父亲那种洁白的肤色和强壮的体魄，也没有继承他的自信和粗暴的性格。他年轻时的形象同他母亲是一样的。他有着高大的脑门，蓄着整齐的黑中带有灰纹的短胡子，挂在他那苍白面孔上的胡子更多地表现出他的性格，而不单是好看。

诺贝尔非常厌恶那些吵嚷的人群，但当与很好的朋友和同事们在一起时，他表现出愉快、轻松的一面，善于倾听别人的意见，时刻对他人礼貌有加，并且从来不考虑朋友们的身份地位。

诺贝尔 40 岁到 58 岁在巴黎生活期间，是一个实实在在的富翁了。但是，他却几乎很少参加宴会，从不过那种逍遥的生活。

随着年代的消逝，诺贝尔改变了年轻时对巴黎的意见；但在他的整个一生中，他始终讨厌那种对社会有害的环境。他反对人性中的高傲和自大、黑暗交易、阴谋、欺诈以及花言巧语。

但是，像他这样乐于帮助别人的人并不多见。对于那些雄心勃勃的年轻人，当他们的计划使他感兴趣时，他就会诚心去帮助他们。

诺贝尔对于任何事情，都有着自己独特的见解。在一位奋斗中的青年或一个发展中的企业需要帮助的情况下，他都会付诸行动。但对于那些为立雕像、设晚宴等而提出的帮助，他则从来不会动心。

他曾写道："作为一条规矩，我喜欢为活人的肚皮帮忙，而不愿为死人的纪念碑出力。我的天生癖性是，不要去过于尊敬崇拜死人，他们对我们的大理石献品既感觉不到，也一定会有不同意见，还不如去帮助那些有所需要的活人。"

尽管他做任何事都非常警觉，但是仍免不了被骗子诈取资助，虽然这并没有损失什么，但却造成了他总是以厌世观点来看待人类。

这位孤独的人在做过好事之后，并非没有忘恩负义的事情使他感到懊恼。他给一位朋友写道："你提到我的'很多朋友'。他们在哪里呢？是在蒸发干燥的幻想的泥底子上，还是在哗啦作响的水银柱旁边？请相信我，你只能在用别的动物肉来豢养的一群狗中间，或者用你自己的肉来喂肥的一些虫子里面，才能找到'很多'朋友。愉快的肚皮和感恩的心灵是双胞胎，阿门。"

眷恋祖国落叶归根

1893年10月21日，诺贝尔的60寿辰是在没有任何正式赞颂庆祝的情况下度过的。一生四海为家的他甚至没有一处真正意义上的家。虽然在意大利的圣雷莫和法国的巴黎他拥有3处以上的别墅，但陪伴他的始终只是寂寞与孤独。自从移居圣雷莫之后，诺贝尔更加陷入一种难以解脱的失落和孤独之中。

这个思虑深远的人，由于他的发明性质，曾为社会的福祸造成了那么多雷鸣般的爆炸之后，现在竟同机械的声音战斗起来了，厌恶他所制造的那些响亮的礼赞或者别的骚扰。然而，他的思想明确地回到了他的祖国，在那里也许能找到更好、更固定的场所，以便他以后的试验发明。

诺贝尔自从9岁随父母离开瑞典移居俄国，此后只是在1863年至1864年回瑞典住过两年。这时虽然他的大哥罗伯特还住在瑞典，但自从他的母亲罗琳娜于1889年去世之后，他本人在瑞典也就没有相对稳定的住所了。

诺贝尔在国外工作和生活已快50年了，但他从心底仍然觉得自己是一个瑞典人。正是出于这种强烈的祖国之恋，诺贝尔决定踏上他的归国之路。

诺贝尔并没有像别的富翁那样只是简单地购置一处别墅以安享富裕的晚年。1894年，他斥资130万克朗买下位于瑞典韦姆兰省的伯弗尔斯，古尔斯邦股份公司的一家钢铁厂及一家弹药厂。为了扶持伯弗尔斯公司的发展，诺贝尔接着又以购买股票的形式付给该公司250万克朗。

诺贝尔还委托助手索尔曼聘请一大批优秀的瑞典工程师来这个公司工作。伯弗尔斯公司之所以能在 20 世纪初成为瑞典一家拥有 1 万余名职工的大企业，可以说很大程度上应归功于诺贝尔生前为这家公司所奠定的资金基础和技术基础。

诺贝尔居住在伯弗尔斯工厂附近柏格博的一所贵族庄园里。当然，他也在庄园内建造了在各处住所都有的实验室。伯弗尔斯的实验室在 1895 年建成，比圣雷莫的大得多，在这里进行实验几乎和工厂生产的规模一样。

庄园里除四间实验室和两所厂房外，有制作炸药的厂房和机械室，还有电解实验室、水煤气厂、大蓄电池房，还备有供各种实验用的特别器械等。

在买下伯弗尔斯公司不久，诺贝尔又把韦姆兰省的比尔波路易铁工厂买了下来，主要从事开发高炉、贝塞麦特炉等。

与此同时，他还购买了附近的卡拉斯大瀑布，计划开发这条河流的水电资源。这是瑞典利用所谓"白煤"的早期先例。而水电开发成为现今这个国家拥有的最重要的电力资源。

诺贝尔本人也想就此在祖国定居。但是，由于瑞典那种严寒的北欧气候使诺贝尔病弱的身体很难适应，因此，他也就只能在每年夏秋季节返回瑞典居住一段时间，而冬春两季就在圣雷莫度过。

由于诺贝尔自幼体弱，他在 20 岁那年就去矿泉疗养，在他整个一生中常接受同样的治疗。工作的疲劳和经常旅行自然也伤害了他的身体。死神已经夺走了诺贝尔几个心爱的人的生命，现在心绞痛又威胁着他自己的生命。

1893 年发生了一件事情，却使他感到非常幸福和自豪：历史悠久的瑞典乌普萨拉大学授予诺贝尔名誉哲学博士的学位。

诺贝尔一向推崇那些一心专攻难题、毫不考虑其商业价值的科学家。这项荣誉使他深受感动，他仔细思索，为了真理而寻求真理是否仍然行得通。

诺贝尔在一封信中这样写道：

> 现在就死未免有点可惜，因为我正在考虑一些非常有趣的问题。自从大学评议会授予我哲学博士学位以后，我几乎成了一个名副其实的哲学家，而且开始觉得"实用"这词只不过是个幻觉而已。

但是，自从1893年以后，诺贝尔的病情日趋严重。1894年，他的病况几乎比以前更坏了，风湿性病魔隔几天就来侵袭他心脏的肌肉或那地方的附近。他觉得随时可见死神张开双臂欢迎他。

1896年，诺贝尔在他一生最后一年中仍然在瑞典、法国和意大利之间奔波。这一年春天，他的心情似乎特别好，因为近年来的几件事办得令他很开心。

第一件事是诺贝尔在1893年从瑞典聘用了一位他很满意的工程师索尔曼做他的助手。第二件事是诺贝尔在1894年回到瑞典投巨资买下了伯弗尔斯公司，从而使他的报国之情有了一个良好的开端。第三件事则是诺贝尔比较妥善地处理了同索菲娅的关系。所以，这年夏初，他再次途经巴黎回到圣雷莫时，心情一直都比较舒畅。

1896年8月，诺贝尔的大哥罗伯特不幸死于心脏病，这一噩耗打破了诺贝尔心灵的平静，他在赶回瑞典参加罗伯特的葬礼之后，顺道赴巴黎治病，并在巴黎住了数月。

诺贝尔在逝世前两个月在巴黎发出的信中说：

> 你知道我来巴黎是为了请一位著名的心脏病专家治病，他和我的医生都说我的大动脉进一步硬化，不能再像往常那样苦干了。这并不是说我得整天闲着不干事。只是要尽可能避免紧张疲劳的旅行。

第二天他在给他的助手索尔曼的信中说：

> 我为了心脏病要在巴黎住上几天，一直要等到医生们商定最好的治疗方法。他们开的处方是内服硝化甘油，这好像命运和我开玩笑。他们为避免吓坏药剂师和公众，把它叫特宁克酊。

诺贝尔的最后一封信是在 1896 年 12 月 7 日写的，收信人是拉古纳·索尔曼，发信地址是他已经逗留近两个星期的圣雷莫。但这封信尚未寄出，在几小时以后他就心脏病猝发，并于 1896 年 12 月 10 日凌晨 2 时去世。而那封信仍被搁置在办公桌上。

诺贝尔去世后的第二天，他的两个侄儿海尔马·诺贝尔、伊曼纽尔·诺贝尔以及助手索尔曼赶到了意大利圣雷莫。在此之前，他们收到了电报。

斯德哥尔摩的一家银行发来一份电报。电报上说：

> 诺贝尔的遗嘱存在银行的金库里，现已打开。银行将邮寄一份遗嘱给你们。

诺贝尔的遗体遵照他的遗嘱，先交医院解剖静脉血管，让医生查明死因。第一次丧礼在圣雷莫别墅举行。他新交的一位朋友、教皇驻巴黎公使馆的一位青年牧师苏德布劳姆来到圣雷莫，并在他灵前致悼词。

苏德布劳姆的悼词中说：

　　他所受的孤独和磨难是他的命运，是天赐的结果，在众人眼里他是一位富有而显赫的人，而也有人把他看作一位平常的人。现在他已经死了，让我们不要永存这种错误，因为我们不能把我们的所有和成就带进坟墓。我们也必须抛弃这种尘世的幸福。

　　我们可以正确看待这位死去的人，虽然他富有，有亲友的情爱，但他也是贫穷的。他孤独地生活，孤独地死去，没有家庭的喜悦，没有妻儿的安慰，这是他的选择或命运。他的天性是不为名利所动，不为孤独所苦，他一直到生命的末日，仍是热心的、仁爱的。他的生命是高贵的。

遵照诺贝尔的遗嘱，他的骨灰安葬在斯德哥尔摩近郊的"北方公墓"，与他的父母和兄弟合葬在一起。诺贝尔的墓碑是一座高约 3 米的灰色尖顶石碑。石碑正面刻有"Nobel"几个金字和诺贝尔的生卒年月，墓碑两侧刻有诺贝尔四位亲人的名字和生卒。墓碑周围是 10 棵柏树。

碑上没有诺贝尔的肖像，没有浮华的雕饰，没有关于他在人类历史上写下的辉煌！每一个知道诺贝尔的人，站在他的墓前，都会感到这种朴素带给人的心灵震撼。

留下遗嘱牵动世界

诺贝尔在他生命的最后几年，曾先后立下三份内容非常相似的遗嘱。第一份立于 1889 年；第二份立于 1893 年；第三份则立于 1895 年，存放在斯德哥尔摩的一家银行，也就是要以此为准。

早在 1889 年 3 月，56 岁的诺贝尔在给一位住在斯德哥尔摩的熟人写的信中说：

请你费心请一位瑞典律师，给我准备一份遗嘱的适当格式。我头发已灰白，身体虚弱，我必须避免死后的纠纷。我早应该准备了，只是我忙着许多其他的事。

诺贝尔只是在索要一个样本，在拟定格式后起草各项条款。然而寄给他的样本，措辞过于空洞，不合实用。本来诺贝尔经过多次诉讼案件的教训，对律师已不信任，指责他们是"渺小的寄生虫"，现在更是对他们失去信心。于是决定由自己拟定。

第一份遗书看来比较简单，也并未拟完，内容中主要强调了分配一笔基金给斯德哥尔摩大学。

第二份遗书写于巴黎，时间是 1893 年 3 月 14 日，见证人是汤劳斯顿、诺登费尔特、尼尔生和埃伦伯格。这份遗嘱未指出确定款数，只是列出他财产的一定百分数分给各个人。

这些人是他的朋友和亲属，共有 22 人之多。他财产的 20% 是分给他们的。

此外，诺贝尔将一定比例的财产分给下列各社会团体和教育学术研究机构：巴黎的瑞典俱乐部、维也纳的奥地利和平朋友协会，为推进和平方案专用；斯德哥尔摩大学管理部门可斟酌支用；斯德哥尔摩医院、罗琳娜斯卡研究所管理部门决定支用。

诺贝尔还拨出一笔款项给罗琳娜医学研究院建立一项基金，遵照管理部门的决定，每3年将基金所得利息奖给生理学或医学领域内最重要和最新的发现或发明。诺贝尔特别指定将他财产的17%分给上述各团体。遗嘱中接着写道：

> 余下的财产全部赠与斯德哥尔摩科学院，建立基金，每年由科学院将利息奖给在知识和进步的广大范围内，除去生理学和医学，最重要和最新的发现或才智的成就。
>
> 虽然我没有列出绝对条件，不过我的愿望是奖给这样一些人。他们不论在文字或行动上同一些人或政府坚持反对创建欧洲和平法院的偏见进行斗争取得成功。我希望按照我的遗嘱考虑奖给最应获得的人，不管是瑞典人或外国人，是男人或女人。

遗嘱又接着说：

> 我想用一笔巨大款项扩建大城市的火葬场，希望斯德哥尔摩罗琳娜斯卡研究所愿意承担这件事，这是对社会健康和福利有关的重要事情，应热心完成。

显然，这份遗嘱比后来的一份更有效，因为已指定各受托人。这份遗嘱和最后的遗嘱有一些差别。在这份遗嘱中没有指定挪威国会或瑞典学士院分配奖金。上列各机构所行使的权力概赋予科学院，至于和平奖可以选定一机构。

这份遗嘱中没有提到文学奖，但这份遗嘱说到科学院不仅分配物理学和化学奖，还奖给"在知识和进步的广大范围内，除去生理学和医学，最重要和最新的发现或才智的成就"，这就是说科学院还有权力授奖给文学以及语言学、生物学、数学或在其他方面做出成就的人。

不十分明确的是诺贝尔想的每年只颁发一项奖，例如，物理学，还是各科学的几项奖。前一种情况似乎有较大可能性，即一年颁发物理学奖，第二年颁发化学奖，如此类推。

这两份遗嘱还有一点差别是应该说到的。按照第二份遗嘱，和平奖是奖给为创造"和平法院"积极工作的人。而最后的遗嘱，受奖人是对国际间的友好、裁减或废除常备武装、创立和推进和平会议做出最有成就的工作的人。最后的遗嘱没有提到和平法院，努力创立和平法院的人要在这个法院被肯定有促进国际间友好的趋向后方能获奖。

1895 年 11 月 27 日，诺贝尔在巴黎的瑞典俱乐部签署了他最后的遗嘱，见证人是陆军中尉埃伦伯、法官诺顿费尔特、工程师斯特雷伦纳特和瓦斯。这份遗嘱对 1893 年的遗嘱做了一些改动，但仍保留主要部分。这份用瑞典文写成并存放在斯德哥尔摩一家银行里的遗嘱，于 1897 年公之于众。

诺贝尔在经过慎重考虑之后，就此宣布关于身后可能留下的财产作了最后遗嘱：

我所留下的全部可变换为现金的财产，将以下列方式予以处理：这份资本由我的执行者投资于安全的证券方面，并将构成一种基金；它的利息将每年以奖金的形式，分配给那些在前一年里曾赋予人类最大利益的人。上述利息将被平分为 5 份，其分配办法如下：

一份给在物理学方面做出最重要发现或发明的人；一份

给在化学方面做出过最重要的发现或改进的人；一份给在生理学和医学领域做出过最重要发现的人；一份给在文学方面曾创作出有理想主义倾向的最杰出作品的人；一份给曾为促进国家之间的友好、为废除或裁减常备军队以及为创立和推进和平会议做出过最大或最好工作的人。

物理学和化学奖金，将由瑞典自然科学院授予；生理学或医学奖金，由在斯德哥尔摩的罗琳娜医学院授予；文学奖金，由在斯德哥尔摩的科学院授予；和平战士奖金，由挪威议会选出的一个五人委员会来授予。

我明确的愿望是，在颁发这些奖金的时候，对于受奖候选人的国籍丝毫不予考虑，不管他是不是斯堪的纳维亚人，只要他值得，就应该受奖。

他明确指定两名瑞典土木工程师拉哥那·索尔曼和鲁道夫·利烈可维斯塔作为执行人，他们也是在国外工作的。只有 26 岁的索尔曼，作为他的雇员达 3 年之久；而对 40 岁的利烈可维斯塔，他只见到过两次。

因为索尔曼被第一个指名，显然对这份遗嘱有着深刻的了解，因而他在落实遗嘱的问题上表现得积极主动。索尔曼说过，由于这两位执行人对法律事务不太熟悉，他们指定当时在斯堪的纳维亚上诉法院当陪审推事的卡尔·林尔特作为瑞典的法律顾问。这对于最后实现诺贝尔遗嘱的基本思想是非常有利的。

林尔特底气十足地来处理遗嘱引起的法律纠纷问题，没有局限于一种形式；他对贯彻执行遗嘱人的思想很感兴趣，非常的信任，并且积极与瑞典科学院等与这份遗嘱有关的瑞典国家当局进行协商，因为他们是被指定作为奖金颁发机构的。他实际上成为经管这份财产的共同执行人。执行遗嘱的主要推动者，是拉哥那·索尔曼。

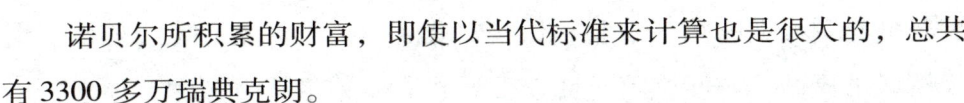

诺贝尔所积累的财富，即使以当代标准来计算也是很大的，总共有3300多万瑞典克朗。

这份遗嘱有几处要点写得不够明白，准确地解释与尽可能正确地落实它，则是一项巨大的任务，更需要有足够的耐心。诺贝尔由于没有固定的居所，从而导致的实际户籍问题以及法庭的宣判都不是很清楚。然而，遗嘱指明的遗产继承者却是一个尚不存在的基金会。

大量的金钱都散布在不同的国家里。那些认为受到不公正待遇的亲属们开始强烈反对，他们甚至分成了若干集团。遗嘱中指明作为奖金颁发者的瑞典和挪威机构在接受由于这笔捐献规定转移给他们的巨大的责任方面也有两种意见，当时对于这项任务的范围和影响还没有看到。

上述这些，由各种观点、安排、图谋与诉讼等构成了一个复杂的混合体，有几个国家的金融、科学和法律方面的专家也都卷入了这场纠纷之中。报界发表的支持和反对的评论，也使得那些执行人感到事情的复杂性和问题的严重性。在解决这项巨大财产方面可以想象到会出现的一切困难中，他们没有一件能够躲得过去。

诺贝尔几乎把他所有的巨额财产全部遗赠给了人类，奖励那些在世界和平、科学和文学领域内作出杰出贡献的人们。这个史无前例的遗嘱震动了整个世界。

此外，同样使全世界感到震惊的是：诺贝尔明确地提出，这笔奖金应该用来提高那些杰出人物的威望，不论性别，不论国籍，不论来自哪个大陆，不论讲什么语言。当时民族主义情绪高涨，就连一贯对政治持冷淡态度的北欧国家也遭到波及；当时瑞典和挪威之间存在着争议，但诺贝尔却坚信挪威最有资格主持评定和平奖。

当然，设立和平奖最令人百思不得其解。当时广大公众对诺贝尔并不了解。在他去世之际，舆论界认为，一位研制致命武器的大发明家和制造商，却把通过销售摧毁性武器所积聚的全部财产献给了建设美好世界和人类的和平事业。一般公众认为，诺贝尔的发明创造为大规模屠杀提供了方便，因而良心受到谴责，为了补过赎罪，他才做出了如此决定，甚至还有人提议拒绝接受这笔沾满鲜血的金钱。

诺贝尔的遗嘱于1897年初在瑞典发表之后，最初不但没有得到瑞典公众的赞同和颂扬，反而遭到社会舆论的批评和谴责。

当时瑞典社会舆论批评和谴责诺贝尔遗嘱的理由之一是，诺贝尔为什么没有把这笔巨额遗产捐给瑞典，而是实际上捐赠给了全世界。诺贝尔把奖励为和平事业作出杰出贡献的人的权力授予挪威议会，更触犯了瑞典人的民族自尊心。

此外，诺贝尔在遗嘱中明确地提出，斯堪的纳维亚人在获奖方面不具有任何优先权，为此他们更为恼火。

当时瑞典社会舆论的这种批评和谴责倾向，在时任瑞典科学院院长的汉斯·福舍尔的不满情绪中得到集中反映。

福舍尔认为，诺贝尔的巨额遗产理应捐赠给瑞典科学院，以用来发展瑞典科学事业。不然的话，他将拒绝执行诺贝尔遗嘱中的委托，拒绝参加与诺贝尔物理学奖和化学奖评奖细则的研究和制定有关的一切会议。

总之，在诺贝尔遗嘱公布之初，瑞典社会舆论的批评和谴责之声占了上风。

诺贝尔遗嘱披露之后，对这份遗嘱最不快和最不满的人，还不是一般的瑞典官员和民众，而是诺贝尔的亲属。诺贝尔两个哥哥的子女早就料到他会将一大笔财产遗赠给公共福利事业。但是，现在他们痛苦地发现，他们几乎得不到什么遗产，这远远超出了他们的预料。

他们也知道，根据先前的一份遗嘱，他们都能分享到一大笔财产。尤其严重的是，在俄国的路德维希的子女这一支，势必会蒙受巨大的损失。

这是由于诺贝尔在巴库石油企业的股份将兑换为现金，这个消息

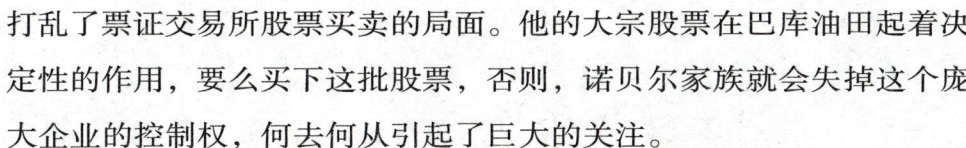

打乱了票证交易所股票买卖的局面。他的大宗股票在巴库油田起着决定性的作用，要么买下这批股票，否则，诺贝尔家族就会失掉这个庞大企业的控制权，何去何从引起了巨大的关注。

在不同国家几条战线上进行的关于这份遗嘱的诉讼程序被拖延达几年之久，并且由于反对遗嘱的家庭方面所采取的广泛与激烈的措施而变得更加困难。然而以他的侄子伊曼纽尔为代表的所谓俄国支系，也就是他哥哥路德维希的家族，站到了执行人的方面。

经过激烈的持久讨论后，伊曼纽尔在 1898 年 2 月发表声明说，他希望尊重他已故的叔叔的愿望，因此，将不再对这份遗嘱提出异议。这在解决如何执行遗嘱的问题上，是一个转折点和重要的因素；这项声明在诺贝尔基金会的建立方面，实际上起了决定性的作用。

他们达成了经济上的让步，并且同意由政府在执行人提出建议的基础上，经过与奖金颁发单位和诺贝尔家族的代表协商，然后就落实这项遗嘱和管理财产做出一些条款。因此，遗嘱人既未规定也没有预见到一项有影响的常识，即瑞典政府仍拥有至高无上、宪法约束和受到尊重的地位。当然，这个政府在推荐和选择奖金获得者方面，却没有权势。

由于还有一些问题需要解决，两年过后，才将所有事情办理妥当。通过 1900 年 6 月 29 日的一项政府决定，诺贝尔基金会的章程和细则，以及由各瑞典机构授予奖金的特别规则，都被确立下来了。

实施诺贝尔奖金分配

1895 年 11 月 27 日，诺贝尔的遗嘱于巴黎签署。管理这个基金会和奖金颁发机构的章程，是由瑞典国王于 1900 年 6 月 19 日在议会颁布的。因此，这个基金会的出现，是在诺贝尔死后大约 3 年半的事情。

诺贝尔这份遗嘱确定了评判奖金的基本原则，确定了包括物理学奖和化学奖、和平奖、文学奖、生理学奖或医学奖在内的授奖系统。各系统的授奖资格也做了规定。

物理学奖和化学奖有权推荐获奖人包括：皇家自然科学院的瑞典或外国院士；诺贝尔物理学和化学委员会的委员；曾被授予诺贝尔物理学或化学奖金的科学家；在乌普萨拉、隆德、奥斯陆、哥本哈根、赫尔辛基大学、罗琳娜医学院和皇家技术学院永久或临时任职的物理学和化学教授，以及在斯德哥尔摩大学有永久性职务的该学科的教员；出于使各国和他们的学术中心能够得到相宜名额分配的考虑，由皇家自然科学院选择至少六所大学或具有同等水平的学院内担任同类职务的人员；自然科学院认为可能合乎邀请目的的其他科学家。

生理学奖或医学奖有权推荐获奖人包括：罗琳娜医学院教学机构的成员；皇家自然科学院医学部院士；以前的诺贝尔医学奖获得者；乌普萨拉、隆德、奥斯陆、哥本哈根和赫尔辛基大学医学系的系务成员；出于使各国和他们的学术中心能够得到相宜名额分配的考虑，由授奖单位选择至少六个医学系的系务成员；授予单位认为可能合乎邀请目的的其他科学家。

文学奖有权推荐获奖人包括：瑞典科学院和在体制与目的方面与

它相似的科学院、研究所和学会的成员；大学和大学学院的文学和语言学教授；以前得过诺贝尔文学奖金的人；在本国文学创作界有代表性的那些作家协会的主席。

和平奖有权推荐获奖人包括：挪威议会诺贝尔委员会的现任或前任委员，以及挪威诺贝尔学会所任命的顾问；各国全国议会的议员和政府成员，以及议会联盟的成员；海牙国际仲裁法院的成员；国际和平委员会常务理事会的委员；国际权利协会的成员和联系成员；大学的政治科学、法律学、历史和哲学教授；曾经获得过诺贝尔和平奖金的人。

征求推荐奖金获得者候选人的邀请书，在颁发奖金前一年的秋天发出去。推荐的名单，必须于授奖那一年的 2 月 1 日前，到达授奖机构的诺贝尔委员会。如果把推荐的名单送到了诺贝尔基金会的话，他们将被转交到相宜的诺贝尔委员会那里。

2 月 1 日之后，各诺贝尔委员会立即开始对他们所收到的提名进行初步的工作。被推荐的名单及他们所代表的国家数字，除了和平奖金之外，都有一种不断增加的趋势。

推荐的名单必须是书面的，并且要附上那种能够说明获奖理由的已经发表过的材料。如果提名没有及时交来，或者作为评判的材料不是用任何一种斯堪的纳维亚语言、英语、法语、德语或拉丁语写的，并且在不付出很大麻烦和花费就无法利用的情况下，有关授奖单位就没有义务来考虑这一提名。

经过对被推荐的那些人的成就进行艰苦、细致的权衡之后，最后阶段的评判工作便集中到少数几名候选人身上。如果有必要的话，正像前面所提过的那样，可能请进另外一些专家参加评判，而且不管他们的国籍如何。在 9 月和 10 月份期间，各委员会推荐的名单要提交到各自的奖金颁发机构。只在很少见的情况下才出现一些遗留问题。

各授奖系统最后做出决定的日子略有不同，但在 11 月 15 日前，各项决定必须做出来。在通常情况下，奖金颁发机构会同意委员会的推荐，但例外的情况也并不是没有的。因此，直到授奖宣布之前，谁也难以肯定下来。

奖金一般只发给个人，但和平奖金例外，它也可以发给一个机构。对于这种奖，通常不许上诉反对。外交或政治方面对某位候选人的官方支持，对于奖金颁发不起影响作用，因为授奖机构在履行职责方面，是完全独立于国家之外的。

一份奖金，可能以几种方式分配，一是完全给一个人，二是由共同做出一项成就的两个或更多的人一起均摊，三是平均分配给两项成就：或者是每人一半，或者是有一个人摊一半，而另一半则由两名或更多的人共同分摊，或者是每一半都由两名或更多的人分摊。

在上述第二种或第三种方式中，实际上还从来没有出现一份奖金被三人以上分享的情况。

一份奖金，也可以留到第二年再发，或者根本不发，但要把它交回基金会。因此，每个授奖系统都可以在同一年内颁发两份奖金，那就是上一年留下未发的奖金和当年该发的奖金。在裁判过程中所发表的不同意见均可不做记录，也不得泄露其内容。只有取得的决议立即公之于众。

各委员会的工作也都保密。对一项奖励所进行的讨论之所以不予公布，一方面是由于考虑到那些被奖评的人的处境；另一方面则因为公众的辩论，可能会对裁判产生影响。正是这些考虑，决定了诺贝尔机构在这个不断谈论的公开化问题上所采取的态度。那些企图在一个所谓可以透露的时刻提前去探听秘密消息的做法，从来都没有产生过好结果。

如果任何人拒绝接受诺贝尔奖金，或者在第二年的 10 月 1 日前还没有领他所获得的奖金，那么，按照已经说过的办法，奖金将交回基金会，并将在奖金获得者名单上予以注明。

假如有人由于受到外部的强迫或压力而拒绝接受奖金，但后来又愿意接受奖金，在这种情况下，他只能得到金质奖章和奖状，而不能领取奖金，因为这份奖金已经退还给基金会了。

每年 12 月 10 日，诺贝尔逝世周年纪念日，将在斯德哥尔摩和奥斯陆举行隆重的授奖仪式。作为惯例，奖金获得者要亲自出席这个仪式，以便领取他们的奖品，其中包括奖金、金质奖章和奖状。同时，奖金获得者通常要履行他们唯一被规定下来的义务，即在授奖仪式后的半年内，要作一次"诺贝尔报告"。

新世界中的诺贝尔奖金自从诺贝尔立下遗嘱之后，情况的发展，特别是在三个自然科学领域的发展，比任何人所能预见到的都要快得多。

但是，诺贝尔将遗嘱的规定写得非常灵活，以至于在授奖学科之间的很多新的边缘学科也能够被解释为属于这些学科之一。与此同时，传统科学领域之间的界限越来越变得模糊不清了。因此，从解释的角度看，就有可能在不改变科学奖金份额的情况下来扩大它们的适用范围。

另外一种趋势是，科学研究越来越经常地被作为一项集体工作进行，或者由不同的科学家们在同一范围内分头进行研究。这一趋势，给奖金颁发机构带来越来越多的困难，从而也就随之出现某些连他们自己也不满意的现象，例如，有时要将一份奖金发给一人以上的情况。

在一份奖金需要分成两份而不是联合授奖的情况下尤其如此。在这种场合，每项成就都值得单独奖励。在文学与和平奖金方面，这个问题的影响要小得多。

现在更加要求那些奖金颁发机构跟得上他们主管领域迅速扩展的进步情况。迄今为止，候选人仍然是从主要的西方国家中挑选的。当然，这种文明的地域正在迅速扩大之中。此外，即使是现在，人们也能够看出新的文化将会怎样产生，过去的文化又将怎样来唤起一种新的和富有成果的生活。

为了使诺贝尔奖金的声誉能够保持不变，关键的一环在于奖金颁发机构对于在越来越多的国家里和被扩大了的知识领域内出现的一切最新趋势都能紧跟不误。这就提高了对于奖金颁发机构的要求，并且增加了他们在工作中所需要的经费。

全世界对诺贝尔机构的工作所普遍表示出来的欣赏，对于他们来说是一个巨大的鼓舞。他们也知道自己在维持这种奖金的国际威信以及其经济价值方面所负有的责任；由于他们对自己的要求不断提高，责任也就变得越来越重了。

1968 年，瑞典银行在它成立 300 周年纪念之际，决定设立诺贝尔经济纪念奖金。每年由这家银行提供与当年诺贝尔奖金相同金额的奖金，交由诺贝尔基金会统一使用。1969 年，诺贝尔经济学奖开始颁发，每年一次。

现今，诺贝尔奖已成为了全人类科学、文学、和平事业中最高成就和荣誉的象征，成了人类所追求的崇高的科学、文学与和平的象征。

诺贝尔一生有 350 多项发明，主要有雷管引爆技术、硝化甘油炸药、达纳炸药、胶质炸药和无烟炸药，这些发明对人类改造自然环境的活动起了巨大的推动作用，促进了矿山、铁道、运河、建筑、化工等众多产业的发展。

诺贝尔一生创办了生产炸药、化工、钢铁等产品的几十家公司和上百家工厂，这些产业后来成为英国帝国化学工业公司、美国杜邦集团、法国诺贝尔—波泽尔公司这些著名的大企业的组成部分。

但是，诺贝尔给人类留下的最有影响的东西，既不是金钱，也不是财产，而是一种精神。这就是通过诺贝尔奖建立起来的，科学、文学与和平的伟大精神财富。

附 录

　　除非人类能够将爱心延伸到所有的动物上，否则人类将永远无法找到和平。

——诺贝尔

经典故事

❧ 人小志气大 ❧

诺贝尔从小体弱多病，但意志坚强，不甘落后。他的父亲喜欢化学实验，常常讲科学家的故事给诺贝尔听，鼓励他长大做一个有用的人。

有一次，小诺贝尔看见父亲在研制炸药。父亲的锤子落在铁砧上，受捶的硝化甘油立即发生爆炸。

小诺贝尔被爆炸这个奇妙的现象迷住了，他睁大圆溜溜的眼睛问："爸爸，炸药伤人，是可怕的东西，你为什么要制造它呢？"

爸爸回答说："炸药可以开矿、筑路，许多地方都需要它呢！"

诺贝尔似懂非懂地点点头说："那等我长大以后也要做炸药。"

在青年时期，诺贝尔以工程师的身份，到欧美各国考察了 4 年，深入了解了各国工业发展的情况。

当时，许多国家工业迫切要求发展采矿业，大力加快采掘速度，但现在的炸药不能适应这种需要，是一个亟待解决的大问题。

诺贝尔了解了这个情况后，决定改进炸药生产，研制出新的炸药来。

经过多次试验，诺贝尔终于研制出了安全炸药。

❧ 在失败面前不灰心 ❧

1864 年的一段时间，在瑞典斯德哥尔摩附近的马拉湖上，有一只船一直停在那儿。

附近的居民对这艘船充满了恐惧，谁也不敢靠近它，因为"炸药大王"诺贝尔在船上进行制造炸药的实验。

为什么在船上做实验呢？

原来，从事炸药的研究是一项十分危险的工作，诺贝尔在实验室试制炸药时，有一次发生了大爆炸，当场炸死了 5 个人，其中包括诺贝尔的弟弟。

这个祸事发生后，周围居民十分恐慌，强烈反对诺贝尔在那里制造炸药。

诺贝尔没有被这次爆炸吓倒，他把设备转移到附近的马拉湖，在船上继续他的实验。

后来几经波折，诺贝尔在一个叫温特维根的地方找到一处新厂址，并且着手建设，在那里建立了世界上第一个硝化甘油工厂。

在诺贝尔研究的道路上真是困难重重，多灾多难。

诺贝尔制造的硝化甘油经常发生爆炸：

美国的一列火车给炸成了一堆废铁；

德国的一家工厂全部成了一片废墟；

一艘海轮船沉人亡。

诺贝尔没有灰心，不解决硝化甘油的不稳定问题，他绝不罢休。经过多次反复试验，他终于制成了硅藻土安全炸药。

为了解除人们的顾虑，挽回已经造成的不良影响，诺贝尔亲自到各地组织表演和讲解，用事实证明猛炸药的爆破威力和安全性能。

终于，这种新型炸药又一次被利用到了开矿和筑路上。

后来，就是这类炸药炸穿了阿尔卑斯山，提前好几年打通了长达 14.5 公里的隧道，节约开凿费用 500 多万元。

诺贝尔由此名扬天下，瑞典政府收回了当初的禁令，由驱逐变为欢迎。

英国、法国、德国为他签发了发明专利证。诺贝尔的公司终于又柳暗花明。

多次实验终于成功

诺贝尔和父亲、弟弟一起发明了"诺贝尔爆炸油"，他们带着这种样品，打算到欧洲继续研究。可人们都认为"危险"，没有人愿意出资合作。

后来，法国皇帝拿破仑三世路易·波拿巴出钱办了一个实验所，诺贝尔父子才得到新的实验机会。

就在硅藻甘油炸药试爆的最后一次，诺贝尔亲自点燃导火剂，仔细观察各种变化，当炸药爆炸声巨响之后，大家惊吼：诺贝尔完了！

可是，诺贝尔却顽强地从弥漫的烟雾中爬起来，满身鲜血淋淋，他忘掉了疼痛，振臂高呼："我成功了！我成功了！"

终于，在1876年的秋天，诺贝尔成功地研制了硅藻土炸药。之后，诺贝尔又经过13年的研究，终于在1880年又发明了无烟炸药，即三硝基甲苯。

他对工业、交通运输作出了巨大的贡献！

多才多艺

诺贝尔自幼喜爱文学，平时工作再忙碌，他也要偷闲阅读小说和作诗。他喜欢易卜生的戏剧，他和法国大文豪雨果的交情也不错。

诺贝尔更喜欢哲学，他说："饭可以不吃，哲学书不可不读。"

正是哲学的思辨和文学的想象力，推动了他的科学发明。

诺贝尔不但经常写诗，30岁那年还写了一部名为《兄弟》的小说，后来又写过一部《非洲的光明时代》的历史小说。

1885 年，诺贝尔写出一部名叫《专利病菌》的喜剧，1896 年临去世前，他又完成一部叫《报应》的悲剧。

为人类该做一点点事

有一天，诺贝尔正在忘我地工作，他的哥哥来找他，说："诺贝尔！我正在整理我们家族的家谱，你是名闻世界的人物，没有你的自传怎么行呢？你写份自传吧！"

"哥哥，不用吧！"

"那怎么行呢？"诺贝尔的哥哥劝说道，"弟弟，你写自传并不是为你自己，而是为我们家族呀！你写吧！我们家族的家谱里有你的自传，就会增添光彩的！"

诺贝尔还是不同意，他哥哥就反复劝说，最后，甚至是哀求了地说："弟弟！你是怕耽误你的时间吗？如果那样，你就说说，我来记录、整理吧！"

"我实难从命。"诺贝尔态度谦逊，但语气坚定地说，"我不能写自传，在宇宙旋涡中有恒河沙粒那么多的星球，而无足轻重的我们有什么值得写的哟！"

原来如此！

诺贝尔认为自己做的一切只是为人类该做的一点点事而已，为什么要拿对人类的一点点贡献去换取荣誉呢！

因此，他始终不答应。

诺贝尔的哥哥只好叹息着走了。诺贝尔又埋头做起实验来。

无私奉献自己的财富

诺贝尔一生致力于炸药的研究，在硝化甘油的研究方面取得了重大成就。

诺贝尔不仅从事理论研究，而且进行工业实践。他一生共获得技术发明专利几百项，并在欧美等五大洲 20 个国家开设了约 100 家公司和工厂，积累了巨额财富。

诺贝尔虽然是大富豪，可他的生活从不奢侈浪费。他经常把大笔款项捐给慈善事业，毫不吝啬。

诺贝尔慷慨大方之名，传遍了各地，因此，请他帮助的穷人络绎不绝，但诺贝尔从不厌烦，总是尽力帮助他们。

1896 年 12 月 10 日，诺贝尔在意大利逝世。逝世的前一年，他留下了遗嘱。

诺贝尔在遗嘱中提出，将部分遗产，也就是 920 万美元作为基金，以其利息分设物理、化学、生理或医学、文学及和平几种奖金，授予世界各国在这些领域对人类作出重大贡献的学者。

据此，1900 年 6 月，瑞典政府批准设置了诺贝尔基金会，并于次年诺贝尔逝世五周年纪念日，即 1901 年 12 月 10 日，首次颁发了诺贝尔奖。

诺贝尔认为：大宗财产是阻滞人类才能的祸害，凡拥有财富的人，只应给子女留下必需的教育费用，如果留下过多的钱财，那是奖励懒惰，使他们不能发展自己的才干。

因此，诺贝尔不顾亲友们的反对，决定用自己的全部财产设立诺贝尔奖金，奖励当代的世界精英。

1990 年，诺贝尔的一位重侄孙克劳斯·诺贝尔又提出增设诺贝尔地球奖，授予杰出的环境成就获得者。该奖于 1991 年 6 月 5 日世界环境日首次颁发。

年　谱

1833 年 10 月 21 日，出生于瑞典首都斯德哥尔摩。

1840 年，诺贝尔父亲将家小留在故乡，自己到俄国圣彼得堡找工作。

1841 年，开始学习。

1842 年，诺贝尔父亲的工厂生意兴隆，全家迁到圣彼得堡。

1843 年，诺贝尔的父亲发明的鱼雷受到俄国政府的重视，获颁奖励金 4 万卢布。弟弟埃米尔诞生。

1850 年，为研究化学而留学美国。

1852 年，在巴黎他深爱的少女去世，他怀着悲伤的心情回到圣彼得堡。

1854 年，发明硝化甘油炸药。

1856 年，因水计量器的改良获得专利权。

1858 年，为筹措父亲的事业资金而去伦敦。

1859 年，诺贝尔的父亲事业失败，双亲带着弟弟埃米尔回到斯德哥尔摩。

1860 年，一边与二哥在转售的工厂中工作，一边从事硝化甘油炸药的研究。这一年冬天，生了场大病。

1863 年，发明硝化甘油炸药用的雷管。10 月，得到硝化甘油炸药的专利。

1864 年 10 月，成立"硝化甘油炸药公司"。

1865 年，在德国汉堡设立火药公司，在克鲁伯建厂。

1866 年，发明甘油炸药。

1867 年 5 月，获得英国的炸药专利。新雷管发明成功。

1867 年，从美国开始，在欧洲各地开设诺贝尔公司，炸药事业鼎盛。跟父亲同时获得瑞典科学研究院的亚斯特奖。

1871 年，在英国创办炸药公司。

1872 年，父亲伊曼纽尔去世。

1873 年，定居巴黎。

1878 年，完成可塑炸药。5 月，加入哥哥们的石油事业，成立诺贝尔兄弟石油公司。

1884 年，被推荐为伦敦皇家协会、巴黎技术协会、瑞典皇家科学协会的会员。

1887 年，取得喷射炮弹火药的专利。

1889 年，母亲罗琳娜在故乡斯德哥尔摩去世。

1890 年，搬到意大利圣雷莫并创立研究所。

1893 年，成为瑞典乌普萨拉大学的荣誉教授，讲授哲学。

1895 年 11 月 27 日，立下遗嘱，诺贝尔奖因此产生。

1896 年 12 月 10 日，在意大利圣雷莫逝世。终年 63 岁。

1900 年 6 月，瑞典政府批准设置诺贝尔基金会。

1901 年 12 月 10 日，这一天是诺贝尔逝世后的第五年。依照诺贝尔的遗嘱，在斯德哥尔摩举行了第一届诺贝尔颁奖典礼。

1968 年，瑞典中央银行于建行 300 周年之际，提供资金增设诺贝尔经济奖，并于 1969 年开始与其他五项奖同时颁发。

名　言

● 撒谎是万恶之首。

● 拯救同胞是至高无上的义务。

● 生命，那是自然赋给人类雕琢的宝石。

● 追求被人尊敬的人是不值得受尊敬的。

● 人类从新发现中得到的好处总要比坏处多。

● 人间最可怕的是一知半解而又以通达自居。

● 不要死读书，要把握住一点学术心得，终身研究。

● 人生有两出悲剧：一是万念俱灰，二是踌躇满志。

● 搞科学的人，一定要坚持这样的信念，学无止境。

● 我看不出我应得到任何荣誉，我对此也没有兴趣。

● 不尊重别人的自尊心，就好像一颗经不住阳光的宝石。

● 我更关心生者的肚皮，而不是以纪念碑的形式对死者的缅怀。

● 人生最大的快乐不在于占有什么，而在于追求什么的过程中。

● 传播知识就是播种幸福……科学研究的进展及日益扩大的领域将唤起我们的希望，而存在于人类身心上的细菌也将逐渐消失。

● 一个没有书本和墨水的闲居者，等于是一具有生命的僵尸。

● 没有工作简直受不了，工作使一切美化，思想能创造新的生命。

● 对个人来说，金钱这东西，够生活就行了，若是多了它会成为遏制人才能的祸害。

● 为解决问题而读，你会觉得比漫无边际地啃书本有更多的兴趣。

● 我的理想是为人类过上更幸福的生活而发挥自己的作用。

● 科学研究的进展及其日益扩充的领域将唤起我们的希望。

● 冷酷无情的理智是一把除了捣毁之外毫无用处的锤子。它有时就像冷酷的心一样有害和可恨。

● 我真想发明一种具有那么可怕的大规模破坏力的特质或机器，以至于战争将会因此而永远变为不可能的事情。

● 一个人的成功有着各种各样的因素，其中，"机遇"也许是最重要的，也是最难驾驭的。

● 行动吧，在行动的过程中就形成了自身，人是自己行动的结果，此外什么都不是。

● 一般的推测，并非研究者唯一可行的道路。以自己的行动去开发脑子才更为有趣而且有益。

● 有思考能力的人一定会反对所有的残酷行径，无论这项行径是否深植传统，只要我们有选择的机会，就应该避免造成其他动物受苦受害。

图书在版编目（CIP）数据

诺贝尔／刘亚超编著. —北京：中国社会出版社,2012.9
（2022.6 重印）
（世界名人非常之路）
ISBN 978－7－5087－4146－8

Ⅰ. ①诺… Ⅱ. ①刘… Ⅲ. ①诺贝尔,A. B.（1833～1896）–
生平事迹 Ⅳ. ①K835.326.13

中国版本图书馆 CIP 数据核字（2012）第 201172 号

出 版 人：浦善新		策划编辑：侯 钰	
责任编辑：侯 钰		封面设计：张 莉	

出版发行：中国社会出版社　　　　　　地　　址：北京市西城区二龙路甲 33 号
邮政编码：100032　　　　　　　　　　编 辑 部：(010)58124867
网　　址：shcbs.mca.gov.cn　　　　　发 行 部：(010)58124866
经　　销：各地新华书店

印刷装订：北京华创印务有限公司　　　开　　本：170mm×240mm 1/16
印　　张：13　　　　　　　　　　　　字　　数：200 千字
版　　次：2012 年 9 月第 1 版　　　　印　　次：2022 年 6 月第 4 次印刷
定　　价：49.80 元

中国社会出版社微信公众号

中国社会出版社天猫旗舰店